张芳山 Zhang Fangshan /著

Study on Skinner's Republican Thoughts

斯金纳共和思想研究

在思想史研究中，很少有人在哲学才智上能够与**昆廷·斯金纳**相媲美

——里希特

社会科学文献出版社
SOCIAL SCIENCES ACADEMIC PRESS (CHINA)

摘 要

共和主义是一个源远流长的政治文化传统，只是在19世纪开始衰落了，20世纪后期共和主义又在西方学术界得到了复兴。"共和主义的复兴"已经成为当今西方政治学界的一大景观，其中斯金纳的作用非常重大。

本书的研究对象是斯金纳的共和主义思想，分为三大部分：斯金纳的公民理论、斯金纳的国家理论与斯金纳的自由理论。本书以斯金纳的文本解读为依据，必要时也援引了其他共和主义思想家的思想资源。本书坚持理论分析与历史追溯相结合，但主要是理论的分析和解读。

在具体的研究方法上，本书主要采用的是比较分析的方法。也就是说，在介绍、分析斯金纳共和主义思想的相关内容时，始终将它与其他学者相对照，突出斯金纳思想与其他学者的异同。这样做的主要目的是对斯金纳思想有一个更好、更全面、更具体的了解和认识。

本书以公民理论、国家理论、自由理论这三个具体议题为经线，以斯金纳共和主义思想与其他学者共和主义思想的关系为纬线，描绘了斯金纳共和主义的基本面貌。这些构成了本书的基本框架和基本路径。

第一章首先介绍了国内外对昆廷·斯金纳共和主义思想的研究现状。本书研究是从共和主义思想这个角度去研究昆廷·斯金纳的，而于他的历史学研究、其他的诸如修辞学的研究则言之甚少，关注的是他的共和公民理论、自由理论和国家理论。

第二章叙述斯金纳的生活和学术背景、他特殊的研究方法"历史语境主义"和他特殊的研究视角"政治与概念"，通过这些来论证昆廷·斯金纳如何在西方思想史研究领域掀起了一场"斯金纳式革命"，还论述了斯金纳共和主义思想的主要来源。

第三章正式进入核心主题，开始论述斯金纳的共和思想的主要内容：公民理论。公民理论是古典共和主义的基础，在古典共和主义理论中，大多赞成最广大公民的直接参与，但这种形式在现代社会是难以"昔日重来"了。斯金纳也指出，国家要共和首先要有积极的公民，积极的公民要达到国家的共和除了要有传统的美德（这是古典共和主义思想的共同主张）之外还必须具备两个最主要的条件：理性与修辞。斯金纳认为，一方面，共和国的领袖们需要掌握必要的演说技巧、高超的演说能力，以说服大众公民接受有益于公共事务共同之善的法律和政策；另一方面，作为公民也要具备充分发展的理性来识别和判断领袖们的言论和主张，并能通过自己的修辞和演说能力去发表自己的主张。

第四章研究的是斯金纳的国家理论。斯金纳对国家理论是非常重视的，这从《近代政治思想的基础》和《国家与公民》可以看出。斯金纳把国家视为一个有机体，是有生命的；而且，国家还必须是一个自己治理自己的有机体。总的来说，就是斯金纳认为自治、主权、垄断和世俗性是我们把一个政治单元当成国家来认识必须满足的四个缺一不可的条件。

第五章介绍的是斯金纳的自由理论。斯金纳的这种自由理论突破了传统的古典共和主义有关自由的理论,并打破了伯林对自由的著名的二元划分,跨越了共和主义和自由主义势不两立的世代鸿沟,让人在思想上产生震撼并有耳目一新、豁然开朗的感觉。

第六章是对斯金纳共和主义思想的评论,并指出斯金纳对于共和主义复兴的伟大贡献。对于共和主义的复兴或者回归,斯金纳的作用无疑是巨大的,但是他的理论却有别于古典的共和主义(虽然他自称就是古典的共和主义)。他到底是在回归古典还是移花接木来借古人宣扬他自己的理论以获得更大的合法性认同?即使是他的朋友佩迪特的思想,看似和他很接近,但事实上也相距甚远。

第七章进行简单的评价,指出斯金纳共和主义思想的贡献与不足,以及它对我国社会主义民主建设的启示。斯金纳的共和主义理论对我们国家的建设是一笔值得借鉴的财富。

目录 CONTENTS

第一章　导论 / 1
　第一节　斯金纳共和主义思想研究的缘起 / 2
　　一　选题依据 / 2
　　二　研究的目标和意义 / 4
　第二节　斯金纳共和主义思想的研究现状与不足 / 4
　　一　研究现状概述及文献综述 / 4
　　二　研究的缺陷与不足 / 13
　第三节　研究方法与结构安排 / 16
　　一　研究方法 / 17
　　二　研究视角与结构设计 / 18
　第四节　创新和不足 / 23
　　一　创新 / 23
　　二　难点和不足 / 24

第二章　"斯金纳革命"
　　　　——斯金纳政治思想史研究方法的创新 / 26
　第一节　斯金纳的生平及其著作 / 26
　　一　昆廷·斯金纳简介 / 26

二　斯金纳著作及其学术地位 / 29
第二节　斯金纳政治思想史研究方法的理论渊源 / 30
　　一　柯林伍德 / 30
　　二　约翰·波考克 / 32
　　三　彼得·拉斯莱特 / 33
　　四　路德维希·维特根斯坦 / 34
　　五　托马斯·霍布斯 / 35
　　六　后现代主义 / 39
第三节　历史语境主义 / 43
　　一　剑桥学派对思想史研究方法的变革 / 43
　　二　斯金纳与历史语境主义 / 46
第四节　以概念史替代思想史 / 65
　　一　"思想"与"观念" / 65
　　二　从"观念史"到"概念史" / 66

第三章　斯金纳的公民理论 / 72
第一节　当代公民理论的复兴 / 73
　　一　当代公民理论复兴的语境 / 73
　　二　当代公民理论探索的两种误导性倾向 / 76
第二节　公民身份 / 77
　　一　公民身份的条件 / 78
　　二　斯金纳公民身份理论的特点 / 80
第三节　公民美德 / 81
　　一　斯金纳与共和主义美德观 / 83
　　二　美德与自由 / 89
第四节　公民与修辞 / 91
　　一　修辞的政治功能 / 93

二　公民修辞的技巧 / 97

第四章　斯金纳的国家理论 / 102
第一节　斯金纳对国家概念的考察 / 104
一　国家概念形成的前提条件 / 106
二　国家概念的演进史 / 109
第二节　国家与公民 / 112
一　自由国家相对于公民的优先性 / 113
二　自治共和国与公民 / 116
第三节　混合与均衡 / 119
一　政体的均衡 / 121
二　共和均衡的前提 / 123
第四节　宪政与法治 / 125
一　共和国与宪政 / 127
二　法律之于共和国的价值 / 128

第五章　斯金纳的自由理论 / 133
第一节　自由的二元界分 / 134
一　伯林关于自由理论的二元划分 / 134
二　古典共和主义的自由观 / 140
第二节　斯金纳的消极自由观 / 143
一　共和主义的目的是消极自由 / 143
二　共和国是个人自由的前提 / 146
三　个人自由的基础 / 149
第三节　斯金纳的"无依附自由" / 152
一　自由不仅是"无干涉"更应是"无依附" / 153
二　"第三种自由"："无支配"还是"无依附" / 155

第四节　斯金纳自由观的理论困境 / 166
　一　难以超越的二元划分 / 166
　二　共和主义的典范之争 / 169

第六章　斯金纳与共和主义 / 177
第一节　共和主义的当代复兴 / 177
　一　共和主义在当代复兴的背景 / 178
　二　斯金纳在共和主义复兴中的作用 / 184
第二节　古典共和主义的重新阐发与修正 / 186
　一　古典共和主义的重新阐发 / 186
　二　"后自由主义"的政治言说 / 189

第七章　斯金纳共和主义思想的理论贡献及其启示 / 200
第一节　理论贡献与不足 / 200
　一　理论贡献 / 200
　二　斯金纳共和主义思想的不足 / 206
第二节　斯金纳共和主义思想的镜鉴 / 208
　一　树立法治观念，加强宪政建设 / 210
　二　重新审视国家、社会与公民的关系，推进市民社会建设 / 213
　三　加大公民精神建设，培养积极的个体公民 / 216

参考文献 / 224
后　记 / 234

第一章

导　论

如果从汉斯·巴伦（Hans Baron）1955 年发表《文艺复兴初期佛罗伦萨和威尼斯的人文主义和政治学问》[1]算起，公民共和主义复兴运动迄今已持续整整半个世纪了，并已经成了西方学术近半个世纪以来最为引人注目的现象之一[2]。到了 21 世纪，这场学术运动非但没有像当初有些学者所预料的那样转瞬即逝，反而由政治思想史领域波及法理学、政治哲学、公共政策等领域，其强劲的发展势头令人瞩目。与此同时，对共和主义以及这一传统与现代世界之相关性的研究已经成为当今一个庞大的学术话题。

在共和主义复兴乃至当代西方政治思想史之中，英国剑桥大学学者昆廷·斯金纳（Quentin Skinner，1940 年生）的影响无疑是巨大的。有很多人追随他，也有很多人诋毁他，但即便如此，我们还是无法否认他在思想史学界与政治学界的重要地位。无论是

---

[1] Hans Baron, *Humanistic and Political Literature in Florence and Venice at the Beginning of the Quattro Cento*, Cambridge, Mass.：Harvard University Press, 1955.
[2] 应奇、刘训练编《公民共和主义》，东方出版社，2006，第 1 页。

谁要进行当代政治思想史的编撰，斯金纳都是无法绕过的一个标杆，这一点是无可否认的。为此，无论我们对其赞同还是批评、褒扬还是贬抑，都有必要对其思想进行系统的了解。

第一节 斯金纳共和主义思想研究的缘起

一 选题依据

共和主义古已有之，并曾经是古代政治思想的主流，后来被迫让位于自由主义，再到20世纪60~70年代以来的逐渐复兴，经历了一个长期的发展过程。共和主义为什么会得以复兴？是复兴还是修正？在这个过程中，有哪些人推波助澜？又有哪些人成为个中翘楚？复兴的共和主义和古典共和主义是一种什么关系？它的复兴有什么意义？它与现代社会具有哪些相关性？它会促进民主政治的发展吗？这些都是非常重要的理论问题。总而言之，共和主义复兴本身带来的影响是巨大的，因而把它作为一个课题既是出于理论的考量，也是出于对现实的密切关注。

在当今西方学术界，关于思想史特别是政治思想史的研究，以斯金纳为代表的"剑桥学派"成为重要流派，在学术界的地位和影响日渐增大，并且对传统的研究方法、路径产生了巨大的颠覆作用，其中斯金纳的个人影响也是首屈一指的，以至于被誉为"斯金纳革命"。著名史学家劳伦斯·斯通（Lawrence Stone）曾经说过："由于波考克、斯金纳和贝林的工作，西方的政治思想史已经被改写。"[①]

1995年，"泰晤士报文学副刊"公布了一份"战后最有影响

[①] Lawrence Stone, "The Revival of Narrative: Reflections on A New Old History", *Past and Present*, (85) 1979, p.14.

的一百本书"的名单。这是由著名学者拉尔夫·达伦多夫发动的,评委则是包括蒂莫西·加顿·阿什和弗朗索瓦·孚雷等专家组成的委员会,挑选的是非文学类人文著作。斯金纳的《近代政治思想的基础》一书毫无异议地入选,成为被挑选出来的20世纪70年代的15本著作之一,其他的包括罗尔斯的《正义论》、艾伯特·赫希曼(Albert Hirschman)的《逃离、声音和忠诚》[1]。

法国学者阿兰·博耶认为,共和主义的复兴要归功于政治观念史家,特别是约翰·波考克(John Pocock)和昆廷·斯金纳[2]。对于斯金纳,即使是"吝啬"的里希特也毫不吝啬自己的敬仰之情。他热情洋溢地说,政治思想史家中很少有人在哲学才智上能够与斯金纳相媲美[3]。

美国宾夕法尼亚大学著名史学教授布鲁斯·库克里克也承认,自己的很多灵感来自斯金纳学说的启发。他对斯金纳景仰万分:"昆廷·斯金纳对思想史方法作了非常出色的论证,对我的著作产生了深刻影响,尽管我比斯金纳及其许多追随者更加怀疑我们是否有能力把握我们所要考察的观念和社会语境。"[4]

国内学者也普遍认为,斯金纳以其历史研究为基础,用探求思想观念之历史语境的独特方法,竭力阐发共和主义自由观的丰富内涵和时代寓意,为我们从另一个角度理解西方人所信奉的自由观念提供了颇有启迪意义的视角[5]。天津师范大学刘训练也认为

---

[1] 〔芬兰〕凯瑞·帕罗内:《昆廷·斯金纳思想研究》,李宏图、胡传胜译,华东师范大学出版社,2005,第90页。
[2] 应奇、刘训练编《公民共和主义》,东方出版社,2006,第10页。
[3] Melvin Richter, "Reconstructing the Language of Politics: Pocock, Skinner and the Geschichtliche Grundbegriffe", *History and Theory*, Vol. 29, No. 1, 1990, p. 54.
[4] 丁耘主编《什么是思想史》,上海世纪出版集团、上海人民出版社,2006,第20页。
[5] 陈伟:《共和主义的自由观念》,《南京社会科学》2004年第7期。

斯金纳是剑桥学派的领军人物①。

二 研究的目标和意义

不管是国内还是国外，无论是东方还是西方，对昆廷·斯金纳思想的研究才刚刚起步，而且有持续升温的趋势。人们从各个角度去研究斯金纳的思想，但对斯金纳的共和主义理论进行研究并作系统阐述的却鲜有其人。笔者不揣冒昧，进行一个大胆的尝试，无疑有几分莽撞、有很多不成熟的地方，但其价值自然是存在的：拓展了斯金纳思想研究的新视野，为对斯金纳思想研究的继续深入添砖加瓦聊尽绵薄之力。

国内对斯金纳的研究刚刚起步，总体来说还是非常不足，和斯金纳的理论地位极不相称，而且大多集中在他的有关自由的论述，于他的其他思想则鲜有所及。关于斯金纳共和主义思想的系统研究更是付之阙如，与斯金纳在共和主义政治思想史的重要地位不相匹配，不可不说是我们思想史研究的一个缺陷。笔者欲从他的共和主义思想入手，利用比较分析的方法，进行系统的研究，想要达到的目标是：让这位思想巨擘的思想为国人所知，发展国内学界对昆廷·斯金纳共和主义政治思想研究，为理论和现实提供微薄的灵感和资源。

第二节 斯金纳共和主义思想的研究现状与不足

一 研究现状概述及文献综述

（一）研究现状

西方学界对昆廷·斯金纳的研究方兴未艾，斯金纳本人的很

---

① 马德普等编《中西政治文化论丛》第4辑，天津人民出版社，2004。

多观念也遭到许多学者或赞扬或贬抑，但"斯金纳话语场"形成的本身也在某种程度上说明了斯金纳的学术影响是巨大而深远的。国外研究斯金纳的有著名历史学家詹姆士·塔利（James Tully）。他曾经专门撰写《笔为利剑：昆廷·斯金纳对政治的分析》论述斯金纳对思想史的贡献，但他主要是论述了斯金纳的历史学贡献。他指出，斯金纳不仅研究了思想史的方法论，而且使用了这种方法来解读现在。所以，詹姆士·塔利认为，斯金纳的贡献在于解读历史的文本，考察观念的形成和变化，分析观念与其所代表的政治行动之间的关系①。詹姆士·塔利盛赞的是斯金纳对政治概念的研究与发现，尤其是斯金纳对国家概念的发掘，但对斯金纳的共和主义思想基本是丝毫无涉。

对斯金纳的政治思想进行系统研究的还有芬兰政治学教授凯瑞·帕罗内（Kari Palonen），他的一本近作《昆廷·斯金纳思想研究》对斯金纳的政治思想进行了大致的梳理。这是西方学术界第一本系统研究斯金纳的重要学术著作，并被列入"当代思想家"丛书②。凯瑞·帕罗内的《昆廷·斯金纳思想研究》大致分为 5 个部分。第一部分介绍了政治哲学是否如有些学者所称的那样已经终结，第二部分主要论述斯金纳的历史语境主义，第三部分阐述斯金纳对国家及其概念的历史发掘，第四部分突出强调斯金纳的政治自由理论，第五部分论述斯金纳对修辞学的关注。总的来说，凯瑞·帕罗内的著作基本概括了斯金纳一生主要的学术成就，描绘了斯金纳的思想肖像。可能是出于写作的需要，作者只是对斯

---

① James Tully, *Meaning and Context: Quentin Skinner and His Critics*, Princeton University Press, 1988, p. 7.
② 〔芬兰〕凯瑞·帕罗内：《昆廷·斯金纳思想研究》，李宏图、胡传胜译，华东师范大学出版社，2005。

金纳的思想进行了相对简单的解读。对此作者本人也有明确说明："在本书中，我已经粗略地用五个相互关联的主题，勾勒出了斯金纳在思想史和理论政治研究方面的概况。"[①]凯瑞·帕罗内认为，第一，斯金纳将历史转变为在文本解读中的重要实例，把它作为理解思想的启发式条件和评价的规范性标准。第二，斯金纳运用语言行动的视角来解读文本并对政治进行通常的理解。第三，斯金纳还改变了政治思想优先于政治行动的学术通例，不仅使行动居于首要地位，而且把政治思想解释为在可能性层面上的一种政治，正是在这里他取得了决定性的突破，即我们所说的"斯金纳式的革命"。第四，斯金纳把思想作为政治的视角运用于自由概念的研究，同时重写了自由的历史，然后还将这种对历史的修正变成了在当代讨论中的重要例证。第五，斯金纳再次复兴了文艺复兴时期的修辞文化，并且通过这一步骤将这些争论重新评价为完全是一种政治特性的学术，然后将修辞性的再描述转变成为一种解释概念变化的特定的视角[②]。

以上论述向我们表明，凯瑞·帕罗内对斯金纳进行了系统的研究，但正是因其太过于系统，所以也就难以详尽。对笔者有启发意义的将是凯瑞·帕罗内对斯金纳自由观念的论述。凯瑞·帕罗内认为，斯金纳修正了自由的概念史。这表现在以下几个方面：首先，他把文艺复兴的时间提前到13世纪。其次，斯金纳认为城邦的自由是个人自由的前提，或者说国家的自由是公民自由的前提。最后，斯金纳把自由视为与依附和奴役相对立的概念，而不

[①]〔芬兰〕凯瑞·帕罗内：《昆廷·斯金纳思想研究》，李宏图、胡传胜译，华东师范大学出版社，2005，第175页。

[②]〔芬兰〕凯瑞·帕罗内：《昆廷·斯金纳思想研究》，李宏图、胡传胜译，华东师范大学出版社，2005，第175~176页。

仅仅像霍布斯所说的"干涉的阙如",而且斯金纳认为政治参与是政治自由的一种表达,是个人自由的必要条件。

澳大利亚政治学家菲利普·佩迪特对斯金纳的共和自由理论深感兴趣,并汲取、发展了斯金纳的自由理论。他在《共和主义——一种关于自由与政府的理论》一书中发展了斯金纳的自由理论,并把它阐发成"无支配自由"。

总之,在西方世界,斯金纳的影响主要在于历史学界和政治学界,因为斯金纳首先被训练成的是历史学家,并在历史学界获得最高的荣誉:剑桥大学钦定历史学教授,然后斯金纳通过自己的努力成为政治学者。所以,国外的学者从各个方面都对斯金纳进行了研究,但对于斯金纳共和主义思想进行系统研究的文献至今尚未发现。

对于蜚声国内外的斯金纳,汉语学界对其认识才刚刚起步、方兴未艾,研究文献甚为稀少,相关论著寥若晨星,要么集中于他的方法论,要么局限于历史学范围,而他的共和主义研究未受学界重视。比如,北京大学陈伟的文章《试论西方古典共和主义政治哲学的基本理念》和《共和主义的自由观念——试论昆廷·斯金纳的共和主义思想史研究》主要是论述斯金纳的史学和自由理论。台湾学者萧高彦的《斯金纳与当代共和主义之典范竞争》着重论述斯金纳自由理论的困境,写得很有见解:共和主义是注重积极自由还是消极自由?斯金纳过分强调法律的作用是否与古典共和主义美德相违背?此外,浙江大学的应奇和天津师范大学的刘训练因为研究共和主义也有文章关涉斯金纳,但基本难逃以上窠臼,大多集中于论述其自由观和方法论。众所周知,斯金纳为共和主义复兴立下了汗马功劳,并且成绩卓越,所以不管从历史学角度还是从政治学角度,斯金纳的共和主义思想都有深入研究的价值。

(二) 斯金纳共和主义思想研究文献综述

1. 关于斯金纳复兴共和主义的理论

佩迪特在《共和主义》中把当代西方流传的共和主义分为两个派系：一派是以阿伦特、桑德尔为代表的"新雅典共和主义"（Neo-Athenian Republicanism），他们主要崇拜亚里士多德和卢梭的学说；另一派是以斯金纳等人为代表的"新罗马共和主义"（Neo-Roman Republicanism），他们比较崇拜罗马伦理学家、历史学家以及马基雅维里[①]。

艾伦·帕顿认为："斯金纳的工具性共和主义陷入了进退维谷的两难境地。就其不同于自由主义而言，既然它纵容不正义，并支持一种非自由主义的爱国主义，那么自由主义者就应该拒绝这一学说。然而，它在这些问题上与自由主义又有一致之处，因此它也具有某种合理性；但它无法成为自由主义公民观和公民美德的截然不同的替代性观点，因而只能以攻击一个假想的对手而告终。"[②]

唐·赫佐认为，以斯金纳为首的公民共和主义者提出的理论相当模糊，没有很好地说明哪些信念应该约束我们、超越我们个人计划的公共归属应该有哪些内容、公共善到底应该是什么等重大的课题，因而难以成为对自由主义理论的替代品。唐·赫佐还认为，斯金纳的方法论存在问题：假定今天有人拥护公民人文主义的事业，那么，他或她为什么应当在意200年（或三四百年）

---

① 〔澳〕菲利普·佩迪特：《共和主义——一种关于自由与政府的理论》，刘训练译，凤凰出版传媒集团、江苏人民出版社，2006，第48～49页。
② 马德普等编《中西政治文化论丛》第4辑，天津人民出版社，2004，第210～211页。

前的人们是否也拥护它呢？难道让逝者安息不是更恰当吗？通过发现这项事业在多年以前也受到珍视从而认为它在某种意义上是正当的，这难道不带有祖先崇拜的意味吗？①

当代著名政治学家、美国亚利桑那大学政治学教授卡里·尼德尔曼认为："共和主义思想的历史对于当代的争论意义重大。这不仅在于现代共和主义者和自由主义者一样，都力图从历史上为他们自己的思想寻找基础，而且对古典共和主义内部不断呈现的诸多张力的反思，将促使我们认识到这一传统所提供的理论选择的多样性。当代共和主义应该探索的或许不是关于共和主义的真正解释，而是一种在理论上和实践中最具有说服力的共和主义学说，以应对 21 世纪来临之际我们所面临的诸多政治困境和挑战。"②

邓正来认为，斯金纳等人所倡导的是一种强调平等、政治参与和公共精神的政治模式。在其中政治共同体、自治、公民身份、政治参与、公共利益、公民义务、公民美德、协商、对话等词语占据着突出的位置。刘擎则认为，共和主义的复兴并没有像最初期许的那样带来理论的创造力与实践潜力，所以本身难以成为现代民主社会一个完整的替代性政治方案。但是，共和主义作为对"公民政治"的召唤是具有积极意义的，它对自由主义的挑战也有利于迫使后者不断改革与修正③。陈伟认为，斯金纳在关于共和主义对近代的影响方面，未免强调太过，尤其是他对霍布斯所开启

---

① Don Herzog, "Some Questions for Republicans", *Political Theory*, Vol. 14, 1986, pp. 473-493.
② 复旦大学思想史研究中心主编《共和主义：古典与现代》，上海世纪出版集团、上海人民出版社，2006，第 182~183 页。
③ 参见刘擎《反思共和主义的复兴：一个批判性的考察》，《学术月刊》2006 年第 4 期。

的自由主义传统的暧昧态度，这使得他无法很好地就古典共和主义之局限作出公允的分析，在很大程度上也妨碍了他对自由主义的普遍主义一面的认识①。

2. 关于斯金纳的公民理论

波考克认为，斯金纳的公民观是"西塞罗式"的。他旨在将共和国重建为法与正义的公民共同体，而不是关注某一个有着超强德性的公民能否通过确立一种平等规则实现自我约束。这种倾向有可能导致斯金纳回归到古代的历史中而难以自拔。波考克认为，斯金纳的公民概念源自西塞罗，而波考克本人的公民理论来自马基雅维里。在波考克看来，后者无疑比前者更加正确②。

对于斯金纳的公民美德或"德性"，哈维·曼斯菲尔德认为主要来源于马基雅维里，但又歪曲了马基雅维里的本意。在曼斯菲尔德看来，马基雅维里的"德性"包括善意、随机应变、精明、技艺、机运等③。

萧高彦指出，斯金纳刻意强调法律的重要性而降低了公民德行的分量。在斯金纳眼里，公民美德是通过法律来型塑的，自利的公民必须被法律的力量所强制，才能采取符合公共德行的行为④。

3. 关于斯金纳的国家理论

凯瑞·帕罗内认为，斯金纳对国家的研究主要集中于概念的

---

① 陈伟：《共和主义的自由观念——试论昆廷·斯金纳的共和主义思想史研究》，《南京社会科学》2004年第7期。
② 复旦大学思想史研究中心编《共和主义：古典与现代》，上海世纪出版集团、上海人民出版社，2006，第13页。
③ 复旦大学思想史研究中心编《共和主义：古典与现代》，上海世纪出版集团、上海人民出版社，2006，第91~155页。
④ 萧高彦：《斯金纳与当代共和主义之典范竞争》，（台北）《东吴政治学报》2002年第15期。

研究，在关于国家的定义上斯金纳更多地延续了马克斯·韦伯的国家理论。韦伯认为，国家只是政治团体的一种变异，是一种独特和偶然的历史产物。韦伯指出，国家作为一种手段和工具可以为各种目的所使用，国家是工具性的政治体。帕罗内继续指出，在把国家视为一个有机体的时候，斯金纳吸纳并发展了霍布斯的观点。

陈伟认为，斯金纳的国家观是他公民理论和自由理论的基础，斯金纳在论证国家的时候把它紧紧地与自由等理论联系起来，而且，斯金纳的国家理论明显地带有古典共和主义的混合均衡特征，带有整体主义色彩①。

4. 关于斯金纳的自由理论

菲利普·佩迪特对共和主义的自由理论深有研究，颇有建树。在佩迪特看来，斯金纳把共和主义自由观定义为完全的无干涉的消极自由是不对的，至少是不完全正确的。佩迪特认为，共和主义的消极自由应该被视为一种"无支配的自由"而不是完全的"无干涉"②。

波考克在谈到自由理论的时候认为，要理解积极自由和消极自由的丰富意义，需要通过古代自由与现代自由叙述的途径，尤其是18世纪的理论，但是斯金纳并没有更多地涉足18世纪的自由理论。所以，在波考克看来，斯金纳的自由理论的来源是值得质疑的③。

---

① 参见陈伟《共和主义的自由观念——试论昆廷·斯金纳的共和主义思想史研究》，《南京社会科学》2004年第7期。
② 参见〔澳〕菲利普·佩迪特《共和主义——一种关于自由与政府的理论》，刘训练译，凤凰出版传媒集团、江苏人民出版社，2006。
③ 复旦大学思想史研究中心编《共和主义：古典与现代》，上海世纪出版集团、上海人民出版社，2006，第13页。

艾伦·帕顿在其1996年发表的《共和主义对自由主义的批评》中对斯金纳进行了猛烈的抨击。艾伦·帕顿认为，斯金纳在论述"公民义务"和"法律强制"与"自由"的关系时，没有澄清前者对后者是构成性的还是工具性的。如果是构成性的，那么斯金纳无法声称他所阐释的自由是一种消极自由；如果是工具性的，那么这种自由观与自由主义的自由观就没有在哲学层面上出现区别①。

应奇指出，斯金纳的"第三种自由"已经陷入了某种理论僵局。斯金纳论证"第三种自由"的前提是推翻伯林关于自由的"积极""消极"划分，但后来斯金纳又把"第三种自由"定义为消极自由②。

5. 对昆廷·斯金纳思想范式的不同评价

应奇认为，斯金纳的理论属于后自由主义理论。应奇指出，政治理论的研究存在三种范式：以邓宁（W. A. Dunning）和萨拜因（G. H. Sabine）为代表的自由主义范式、以列奥·斯特劳斯（Leo Strauss）和汉娜·阿伦特（Hannah Arendt）为代表的前自由主义范式，以及以波考克和昆廷·斯金纳为代表的后自由主义范式③。斯金纳在把消极自由当成首要原则的同时论证了古典共和主义的积极公民观与现代民主的兼容性，阐明了通向个人自由的唯一途径就是参与公共事务④。从而一方面与形形色色的前自由主义倾向和朴素的自由主义现代性划清了界限，另一方面又把

---

① 马德普等编《中西政治文化论丛》第4辑，天津人民出版社，2004，第197~199页。
② 应奇：《论第三种自由概念》，《哲学研究》2004年第5期。
③ 应奇：《政治理论史研究的三种范式》，《浙江学刊》2002年第2期。
④ Chantal Mouffe（ed.）, *Dimensions of Radical Democracy: Pluralism, Citizenship, Community*, Verso, 1992, p. 221.

视自由为自然权利和确保其他权利的手段的公理斥为纯粹的教条，并认为这种态度不但是腐化的公民的缩影，而且是一种最高程度的不明智，明显流露出在肯定自由主义现代性已经取得成果的前提下，通过发掘自由主义尚未实现的潜力重构自由主义制度，通过改变自由主义的老一套形式实现自由主义的理想，把自由主义关于自由和解放的前提伸张到极限的强烈意向。正是在这个意义上，我们把斯金纳的政治理论史研究称为后自由主义范式的代表①。

罗尔斯也认为，由于斯金纳的共和主义自由观和他提倡的政治自由主义并无根本性的冲突，因为一个民主社会的公民要想确保他们的基本权利和自由，他们自身必须具备充分的政治美德并自愿地参与到公共生活中去。民主自由的安全无虞要求具备为维护一种立宪所必需的政治美德的公民积极参与②。

国内学者刘训练也认为："新共和主义与自由主义不是完全对立的，而是相互补充的；它是一种'后自由主义'的而不是'反自由主义'的政治言说。"③

二 研究的缺陷与不足

菲利普·佩迪特对斯金纳思想的研究集中于自由理论的一个方面。虽然佩迪特也坦陈斯金纳的思想对自己有很大的启示作用，但总的来说，佩迪特对斯金纳的研究并不深入，甚至可以这样说，

---

① 应奇：《政治理论史研究的三种范式》，《浙江学刊》2002 年第 2 期。
② J. Rawls, *Political Liberalism*, Columbia University Press, 1993, pp. 205 – 206.
③ 刘训练：《后自由主义视野中的新共和主义》，《浙江学刊》2006 年第 4 期。对于所谓"后自由主义"，刘训练这样认为：共和主义的当代复兴是以自由主义占主导地位为前提的；它不是对自由主义的替代，而是其完善或补充；它应当对个人主义和多元主义这两个现代社会的基本特征作出回应，并继承自由主义的普遍主义、平等主义的承诺及其基本建制。

佩迪特只不过在援引斯金纳为自己的理论作一个证明,在为自己理论的建构寻找理论支持与依据。佩迪特最重要的著作是《共和主义——种关于自由与政府的理论》,其核心主题是论证一种共和主义的自由观,这种自由观虽然受斯金纳的影响颇大,但又有别于斯金纳的自由观,对于斯金纳的其他理论和观点,佩迪特基本没有涉及。

凯瑞·帕罗内的不足之处也是显而易见的:他对斯金纳的介绍过于烦琐,对斯金纳的理论却仅仅停留在介绍其几本最著名的著作上,比如《近代政治思想的基础》《自由主义之前的自由》,而且大多是就书说书,没有很好地对斯金纳的核心思想(比如共和、自由、公民等理论)进行梳理和论述,对斯金纳共和主义思想的研究更是付之阙如,仅仅对斯金纳国家概念作了梳理而没有概括出斯金纳本人的国家思想。基于这些原因,这本研究斯金纳的专著也正如凯瑞·帕罗内自己所说,基本上是对斯金纳思想肖像的一种大致描绘。

国外其他学者诸如詹姆士·塔利,是从斯金纳的自由观和历史语境主义来阐述斯金纳的。新共和主义者维罗里只是在自由和强调法律上继承了斯金纳,尤其是对法律的强调比之斯金纳是有过之而无不及的,但维罗里却疏于去解释斯金纳,只是吸取斯金纳的法治思想并用于自己法治理论体系的建构。波考克在很多著作里提到了斯金纳,但由于波考克为人的谦恭和基本观点的一致使他对斯金纳充满溢美之词,只是在自由理论上两者观点不同。波考克认为共和主义是赞同积极自由的,而斯金纳却论证共和主义其实是消极自由的。他们在方法论上基本一致,但在共和主义自由观上却分道扬镳,各执己见。

总的来说,国外有关斯金纳的话语场对斯金纳的自由、方法论关注比较多，对其共和思想却较少系统阐述。在国内情况更是如此，这一点在前文关于国内研究状况的介绍中已经有所阐述①。学者李宏图、应奇、刘训练等是从自由理论的角度去考察斯金纳思想的，力图分辨斯金纳自由理论与自由主义自由观、古典共和主义自由观的异同②。陈伟只对斯金纳的共和主义自由观作了简单的阐述③。彭刚主要是从历史的角度来研究斯金纳的思想史研究方法④。对于斯金纳的国家理论、公民理论及其共和主义思想，我国学者鲜有涉及，而斯金纳是当代共和主义的代表人物，是共和主义复兴的个中翘楚，我们对斯金纳共和主义思想的忽略与他应有的地位是很不相称的。

综上所述，笔者认为，对于斯金纳及其理论，至少有以下几点是值得重新关注的：斯金纳思想的来源；斯金纳共和主义思想包含哪些具体内容，它们的主要观点有哪些⑤；斯金纳对古典共和主义与现代共和主义带来了哪些冲击；他的历史贡献在哪里；理论缺陷有哪些；在中文语境中，他的共和主义思想对我们有何启示和借鉴意义；等等。本书的立意即在于此，试图对以上观点进行文本解读，对斯金纳的共和主义思想进行系统的研究。

---

① 国内研究斯金纳的学者寥寥无几，仅限于李宏图、应奇、刘训练、陈伟等少数几个人。研究对象大多是斯金纳的历史语境主义方法论、自由理论，对其国家理论、公民理论鲜有论及。
② 参见〔英〕昆廷·斯金纳《自由主义之前的自由》，李宏图译，上海三联书店，2003；应奇、刘训练编《公民共和主义》，东方出版社，2006；应奇、刘训练编《第三种自由》，东方出版社，2006。
③ 参见陈伟《试论西方古典共和主义政治哲学的基本理念》，《复旦学报》2004年第5期；陈伟《共和主义的自由观念——试论昆廷·斯金纳的共和主义思想史研究》，《南京社会科学》2004年第7期。
④ 彭刚：《历史地理解思想》，载丁耘主编《什么是思想史》，上海世纪出版集团、上海人民出版社，2006。
⑤ 笔者不揣冒昧，把它划分为三大部分：公民理论、国家理论、自由理论，因为就目前资料来看，这些是斯金纳共和思想的主要成分。

第三节　研究方法与结构安排

本书有几个核心概念：历史语境主义、公民、国家、自由，这些都是和斯金纳的学术贡献结合在一起的关键词。首先，斯金纳的研究方法与传统方法是不同的，他所有的研究都建立在历史语境主义的前提之下，主张在具体的语言背景中对思想进行解读，公民、国家、自由这三者是斯金纳政治理论的核心词语。在笔者看来，斯金纳的政治思想主要可以分为三个部分：他首先提出了公民科学的一些观点，包括公民身份理论、公民理性与修辞、积极公民等[1]；其次，他提出了有关国家的理论，他是通过对国家概念的历史考察来提出自己观点的[2]，除对国家概念的阐述之外，他还从国家与公民、国家与法制、国家与自由等方面进行了独到的分析；最后，斯金纳受到了最广大关注的是其有关自由的理论，他提出了一种迥然不同的自由理论，他认为共和主义主张的是消极自由，消极自由不仅是不受干涉的，更应该是"无依附"的，斯金纳的这种自由理论后来被学界称为"第三种自由"[3]，引起了普遍的争议和讨论，为当代人思考自由提供了新的思路和想象空间。

---

[1] 参见〔英〕昆廷·斯金纳《霍布斯哲学思想中的理性和修辞》，王加丰、郑崧译，华东师范大学出版社，2005。
[2] 参见〔英〕昆廷·斯金纳《近代政治思想的基础》，奚瑞森、亚方译，商务印书馆，2002。
[3] 这个观点参考文献颇丰，最主要的参考文献有：Quentin Skinner, *Visions of Politics: Regarding Method*, Vols. 1–3, Cambridge University Press, 2002；〔英〕昆廷·斯金纳《自由主义之前的自由》，李宏图译，上海三联书店，2003；应奇、刘训练编《公民共和主义》，东方出版社，2006；达巍等编《消极自由有什么错》，文化艺术出版社，2001；等等。

更为重要的是,在斯金纳的共和思想中,公民、国家与自由是逻辑相关的,公民是国家的构成性要素,公民是目的,但又不得不充当工具性的手段去实现本身的目的,要享受权利必须先履行义务,比如说积极参与国家公共生活,才能保障自己的消极自由。国家的自由是公民个体自由的前提和保障,倘若国家丧失了自由,那么公民就会处于一种奴役和依附状态,从而丧失自由。斯金纳共和主义思想主张消极自由,公民自由是国家自由的目的,消极自由是积极自由的目的,国家是基础,自由是目的,公民是主体。

一 研究方法

首先深入研读原著。斯金纳的著述不少,但国内能搜集得到的却少之又少,翻译过来的中文著作更是如此,找到的大部分是英文著作。所以,首先要做的是对研究对象文本进行搜集和研读。文献阅读是思想史研究的基本功课,也是思想史研究的关键所在。

其次对文本进行语境的复归。斯金纳除了思想史方面的贡献之外,还有一个最大的贡献就是与波考克等人创建了闻名于世的"剑桥学派"。剑桥学派的观点就是历史语境主义。强调对文本的解读一定要结合当时的背景去理解和诠释。在研究思想史学的时候,不但要关注文本,还要关注文本之外的时代语言、人们的心理倾向等。

最后进行对比分析。由于思想史的研究必然有着来源和作用的问题,用斯金纳的话来说,思想不仅仅是思想,它首先应该是行动、思想是用来争辩的,所以研究斯金纳的思想必然要涉及他的理论渊源、他的论辩对象的理论、他的同伴的相关理论等。除此之外,本书在介绍和分析斯金纳共和主义思想的同时,始终将其与自由主义者、共和主义其他学者的理论等加以对照，突出它们之间的异同。之所以坚持这样的比较分析，是因为如果不把斯金纳的共和主义思想放在一个具体的背景中去加以认识，我们就无法知道它在政治学说谱系中的位置，无法对它进行定义，更无法认清其本质。

二 研究视角与结构设计

导论首先介绍了国内外对昆廷·斯金纳共和思想的研究现状。本书是从共和主义思想这个视角去研究昆廷·斯金纳的，而对于他的历史学研究、其他的诸如修辞学的研究言之甚少，关注的是他的共和主义公民理论、国家理论和自由理论。

第二章论述斯金纳的生活和学术背景，以及他特殊的研究方法"历史语境主义"、特殊的研究视角"概念与政治研究"，通过这些来论证昆廷·斯金纳如何在西方政治思想史研究领域掀起了一场"斯金纳式革命"[①]。斯金纳最先进入人们的视野并为大家所关注是因为他的历史学研究，尤其是思想史研究。斯金纳认为，思想史不只是精英的思想史，也要关注二三流思想家甚至平民大众的思想，他们的观点有时候更能够反映历史的真实。而且，由于思想史是思想在历史中的运动，所以，要解读前人的思想就不能停留在文本的解读，而要尽量还原文本的历史语境与背景，把思想复原到历史语境之中，结合历史语境研究文本，只有这样，才能理解作者的真正意图。这种剑桥学派的研究方法被称为"历史语境主义"。这样，斯金纳把注意力从对经典文本的关注转移到

---

① Kari Palonen, *Quentin Skinner: History, Politics, Rhetoric*, Polity, 2003, p. 3.

了语境,或者说是"历史的"研究[①]。

这一章还论述了斯金纳政治思想史研究方法论的主要来源。笔者通过大量阅读文献和进行相关思考,将其来源大致归结于柯林伍德、拉斯莱特、波考克等理论家的强烈影响。此外,斯金纳的理论具有反基础、反中心的特点,应该说与当时的后现代主义的兴起有很大的关联。

第三章论述斯金纳的共和主义思想的主要内容:公民理论。首先,斯金纳对公民身份理论作了一个历史的阐述,并指出公民身份的享有必须以公民义务的履行为前提;其次,斯金纳指出,共和国家首先要有积极的公民,积极的公民要达到国家的共和除了要有传统的美德(这是古典共和主义思想的共同主张)之外还必须具备两个最主要的条件:理性与修辞。斯金纳认为,一方面共和国的领袖们需要掌握必要的演说技巧、高超的演说能力,以说服大众(公民)接受有益于公共事务共同之善的法律和政策;另一方面,作为公民也要具备充分发展的理性来识别和判断领袖们的言论和主张,并能通过自己的修辞和演说能力去发表自己的主张。斯金纳的公民思想来自对新罗马法学家理论的发掘,同时也来自斯金纳熟谙的霍布斯,斯金纳曾经专门写过一部皇皇巨著来研究霍布斯:《霍布斯哲学思想中的理性和修辞》。

第四章探讨的是斯金纳的国家理论。斯金纳对国家理论是非常重视的,这一点从《近代政治思想的基础》和《国家与公民》可以看出,但他的国家理论往往和自由理论交叉在一起,所以进行相关的系统介绍有很大的难度。首先是文献的梳理比较烦琐,但正因其繁杂,才凸显出该研究的意义。斯金纳关于国家的思考

---

① Norman J. Wilson, *History in Crisis? Recent Directions in Historiography*, Prentice Hall, 1999, pp. 75 – 76.

可以从以下几个方面入手：他特别强调国家的自由、国家的理性、国家的主权，而且对国家概念的演变历史进行了系统的梳理（参见斯金纳《近代政治思想的基础》），指出了现代国家概念的由来、发展和最终形成的过程。斯金纳指出，国家最早的雏形是一种政治共同体，现代意义的国家基础是在 16 世纪末期才初步形成的。斯金纳最主要的有关国家问题的著作是《近代政治思想的基础》，贯穿其始终的是近代国家概念的演化历史。斯金纳的国家观延续了韦伯的理论。韦伯认为，国家只是政治团体的一种变异，是一种独特和偶然的历史产物[①]。韦伯指出，国家作为一种手段和工具可以为各种目的所使用，国家是工具性的政治体。韦伯指出："并不存在独立于国王之外的国家概念。"[②]斯金纳的国家理论带有鲜明的韦伯痕迹，但他也提出国家概念的诞生必须具备四个不同的前提：政治学领域应该被设想为道德哲学的一个独特的分支，一个与统治艺术有关的分支；每个王国或城邦不受外来干涉和上级权力束缚的独立应该得到维护和保证；每一个独立王国境内的最高统治者应该被承认为在自己境内没有竞争者，是唯一的立法者和效忠对象；政治社会是为了政治目的而存在的。

除此之外，斯金纳还把国家视为一个有生命的有机体，国家还必须是一个自治的有机体。总的来说，就是斯金纳认为自治、主权、垄断和世俗性是我们把一个政治单元当成国家来认识时必须满足的四个缺一不可的条件[③]。

第五章研究的是斯金纳的自由理论。这在目前仍然是政治学

[①] Max Weber, Politik als Beruf, GRIN Verlag, 2009, p. 17; Julius Binder, Grundlegung zur Rechtsphilosophie, Mohr, 1935, pp. 35 – 88.
[②] Max Weber, Wirtschaft und Gesellschaft, Mohr, 1980, p. 437.
[③] 〔芬兰〕凯瑞·帕罗内：《昆廷·斯金纳思想研究》，李宏图、胡传胜译，华东师范大学出版社，2005，第 85 页。

界聚讼纷纭的一个话题。斯金纳的这种自由观突破了传统的古典共和主义有关自由的理论,并打破了伯林对自由著名的二元划分,跨越了共和主义和自由主义势不两立的世代鸿沟,让人们在思想上产生震撼并有耳目一新、豁然开朗的感觉。1958年,伯林发表了《论自由的两种概念》一文,由于言辞优美且言简意赅,被认为是"当代政治哲学中最有影响的单篇论文"[1]。但是,斯金纳指出,共和主义并不如我们一般所认为的只关注积极自由,它最终关注的恰恰是不受干预的消极自由。就斯金纳而言,他期待的是超越消极自由,但又不包含任何亚里士多德式的假设。他需要的是一种参与和自由的统一,但又不是主张只有在参与中才能获得自由。斯金纳并不赞同伯林对自由所作的划分,他提出了自己对自由概念的理解,他把马基雅维里从历史的尘封中拽出来与他并肩作战,从马基雅维里对自由的理解出发,发掘出了古典自由的定义。斯金纳认为,一个人之所以自由就是因为他处于一种无须依赖他人而行动的地位,就是说能摆脱任何外人强加的控制,能够按照个人意志和判断自行其是。斯金纳发现,新罗马法理论家在强调共和主义"积极自由"的同时并不反对"消极自由",而是始终把个人在追求自己所选择的目标时是否会受到来自外部的任意行为的强制,即自由的存在是以缺少一些限制或强制的行为来作为标示的。新罗马法理论家认为,动用暴力或强制去干涉个人行动无疑是侵犯了人的自由,与此同时他们还认为自由应该是生活在没有依从的地位,因为依从就意味着自由有可能随时随地丧失。自由首先应该是存在于没有依从的地方,然后是没有任意行为强制的地方,因为依从状态就是产生强制的根源和基础。

---

[1] 应奇、刘训练编《第三种自由》,东方出版社,2006,第1页。

斯金纳还认为,"消极自由"和"积极自由"并不必然势不两立,对自由的维护不仅有赖于消极自由,而且有赖于积极自由,不仅要在个人权利和社会权威、私域和公域之间界限分明,而且要公民抱有积极的态度,积极参与政治,实现社会事务的共和治理。事实上,如果公民个人不积极参与政治,那么他享有的"消极自由"必定不会长久,必将受到某些不合理的侵犯,所以从某种程度上说,"积极自由"是"消极自由"的保障和条件。

第六章是对斯金纳共和主义思想的评论,指出斯金纳对于共和主义复兴的重要作用。对于共和主义的复兴或者回归,斯金纳的作用无疑是巨大的,但是他的理论却有别于古典的共和主义(虽然他自称就是古典的共和主义)。他到底是在回归古典还是移花接木?是不是在借古人之口来宣扬他自己的理论以获得更大的合法性认同?而且,斯金纳主张的消极自由以及他认为美德只能由法律来规训而不能靠民主参与来培养的观点,造成了共和主义美德与法律的二重典范冲突。在斯金纳的眼里,古典共和主义思想家从来没有诉诸"积极"的社会自由观,更从来没有排斥消极自由观。也就是说,他们从来没有论证我们是特定目的的道德存在,我们不是在这目的实现的时候才有了自由。斯金纳认为,共和主义一直主张的是消极自由观。斯金纳对消极自由的特别强调到底是对共和主义的维护、回归抑或是修正?他对消极自由的追求是回归了古典共和还是滑向了后自由主义?第六章对这些问题进行分析,作出评论。

第七章分为两个部分。第一部分阐述斯金纳共和思想的贡献与不足。首先介绍斯金纳在方法论以及共和主义思想方面的突出贡献,主要包括历史语境主义方法论、公民理论、对国家概念的考察、无依附自由理论等,然后指出斯金纳共和思想存在的一些理论缺陷与不足。第二部分论述斯金纳共和主义思想对我们国家政治民主建设的启示与借鉴意义。

第四节 创新和不足

一 创新

首先,由于国内对斯金纳的研究刚刚起步,总体来说还是非常不足,与斯金纳的学术地位极不相称,而且大多集中在他有关自由的论述,对他的其他思想鲜有涉及,对其共和思想的系统研究更是付之阙如,这不可不说是我们思想史研究的一个缺陷。本书欲从他的共和主义思想入手,进行系统的研究,想要达到的目标是:向国人推介这位思想巨擘的思想,发展国内学界对昆廷·斯金纳共和主义政治思想的研究,为理论和现实提供微薄的灵感和资源。本书以斯金纳的共和主义思想研究为题,首次从整体上对其庞杂的理论进行了比较全面和深入的研究。由于国内外这个方面的研究有失深度和系统,而斯金纳在共和主义的学说史上又有着难以磨灭的影响,所以本书的研究在某种程度上可以填补这个方面的研究缺失。

斯金纳首先是一个历史学家,然后才是一个政治思想家,其著作一直遵循着历史学的考证写法,与传统的政治思想史写法风格迥异,对他思想的研究实在是一个非常艰辛的历程。经过大量的文献阅读和理解,本书试图在以下几个方面有所创新。

(1)对斯金纳政治思想史的研究方法进行系统分析,指出这种"斯金纳革命"的内容以及它对思想史研究的重大作用,并对其思想及方法论来源进行全新的归纳。

(2)第一次对斯金纳的共和主义思想进行比较系统的解读。

关注斯金纳思想的人越来越多，但对其共和主义思想进行系统研究的却很少，目前尚未有文本发现。本书主要分析斯金纳的共和主义思想，并指出他对共和主义理论的贡献以及在共和主义复兴中的重要作用。

（3）对斯金纳的公民理论、国家理论、自由理论分别进行深入的研究，采取比较分析方法，把斯金纳的共和主义思想置于各种相关理论之中来分析其理论的创新与特点，试图在总体上对斯金纳的政治思想进行比较系统的阐述和分析，最后对斯金纳的理论进行梳理，对他的功过是非进行相对客观的评价。

二 难点和不足

一般来看，斯金纳有以下几个方面对政治思想史产生了重大的贡献：研究方法论、对国家概念的梳理、自由理论，尤其是国家、自由概念的梳理影响尤为巨大，至今无人能及。但是，斯金纳的著作往往是很散落的，缺乏体系性，他忙于向历史索求答案甚于理论的建构。所以，本书写作的难度可想而知，总结起来至少有以下几点。

（1）文本的不易获得性。国内斯金纳的文献非常有限，尚有很多关于斯金纳的文本资料难以找到，只能通过其他途径去搜集，文本不易获得。

（2）文本的难以理解性。中文资料缺乏，大部分是英文，而且由于斯金纳从事的是思想史的"考古"，所以著作中许多专业词汇、古典词汇充斥其间，文本理解比较艰辛。

（3）文本的难以整理性。斯金纳的思想散落于字里行间，而且其本人也忙于向历史索取证明疏于理论建构，所以鲜有系统的阐述，这与他一贯主张历史语境主义是有关系的。在斯金纳的共和主义思想中，除了自由理论之外，公民理论、国家理论的分析还不够系统、深入，有待进一步的研究，基本找不到相关文献，只有星星点点的痕迹，文献搜集整理工作也是一个极其困难的过程。

受限于资料和笔者的学识，本书存在很多的不足。斯金纳的共和主义思想还有待深入研究，比如他的理论与其他共和主义学者有什么不同，他的自由理论和菲利普·佩迪特的自由理论有哪些具体而微的异同，由于本人哲学功底浅陋，以及他们理论之间本身的含混，解释起来实在是大费周折，还有待进一步明晰。

本书是笔者多年对斯金纳共和思想研究的一个总结。由于斯金纳著作庞杂且无一体系融会贯通，所以写作起来总觉得挑战很大，学有疏漏、力不从心，本书还有待进一步修订和完善。

第二章

"斯金纳革命"

——斯金纳政治思想史研究方法的创新

斯金纳指出，政治行动优先于思想，只有把思想放在一个具体的政治语境之中才有可能得到真实的诠释，才能获得真正的政治思想史。斯金纳改变了政治思想史研究的传统观点，带来了一场影响深远的"斯金纳革命"。

第一节 斯金纳的生平及其著作

一 昆廷·斯金纳简介

昆廷·斯金纳1940年出生于英国，其父亲曾经是尼日利亚殖民当局的官员，母亲早年学的是英国文学，爱好文学和音乐，后来当过中学教员，结婚后陪侍丈夫经常往返于英国和尼日利亚。由于英国政府认为非洲经济落后、医疗卫生没有保障因此不鼓励小孩前往，所以斯金纳小时候只得寄宿在他的姨妈家。姨妈是一个医生，但对历史非常感兴趣，经常借些历史书籍回家并带小斯金纳去各种历史博物馆参观。姨妈的爱好以及言传身教增加了斯金纳从小对历史学科的兴趣，奠定了以后发展的一个潜在基础。斯金纳从 7 岁开始就读于贝德福德学校（Bedford School），在那里他在拉丁语、历史和文学等方面受到了良好的教育。1959 年，昆廷·斯金纳通过了牛津和剑桥的联合入学考试，以优异的成绩获得了剑桥大学的奖学金，进入了剑桥大学的康威尔和凯鲁斯学院[1]。1962 年 6 月，22 岁的斯金纳获得学士学位，被选为基督学院的研究员，任务是指导学生学习历史。1965 年，他获得政治理论史的讲师席位[2]。从此，他开始了自己的研究，而不是去谋取博士文凭。1978 年他写的《近代政治思想的基础》一书正式出版，立即轰动整个学术界，引起了一场丰富多彩而又成就斐然的学术论争，他也由此获得了沃尔夫森文学奖。该著作奠定了斯金纳在学术圈的地位，使斯金纳成为剑桥大学的重量级学者并成为政治思想史领域让人难以绕开的重要人物。不久后，他又选择了托马斯·霍布斯作为自己的研究课题。之所以如此可能有两个原因：一是他的同事约翰·邓恩在他之前选择了洛克（他本来也想选择洛克，但现在只能选择霍布斯了，因为这两个人物都是他的学术兴奋点），二是受到拉斯莱特的影响，因为后者曾经说过霍布斯的理论还没人历史性地进行语境解读，但霍布斯的理论却比洛克更加系统[3]。由此，他又写出了一本皇皇巨著《霍布斯哲学思想中的理性与修辞》，更加巩固了他在学术界的重

---

[1] 转引自〔芬兰〕凯瑞·帕罗内《昆廷·斯金纳思想研究》，李宏图、胡传胜译，华东师范大学出版社，2005，第 11 页。但是根据斯金纳自己介绍，他进入剑桥大学是因为他爸爸一封冒昧的信笺。参见〔英〕玛丽亚·露西娅·帕拉蕾丝-伯克编《新史学：自白与对话》，彭刚译，北京大学出版社，2006，第 270 页。

[2] 〔芬兰〕凯瑞·帕罗内：《昆廷·斯金纳思想研究》，李宏图、胡传胜译，华东师范大学出版社，2005，第 18 页。

[3] 〔英〕昆廷·斯金纳：《自由主义之前的自由》，李宏图译，上海三联书店，2003，第 109 页。

要地位。

斯金纳的成长和英国的本土环境也是分不开的。英国是宪政思想的发源地，它本身的政治就是共和主义精神的很好体现，形式上好像是君主制，但事实上英国却是最有共和精神的国家。孟德斯鸠说过，英国"可以被称为披着君主制外衣的共和国"[1]。斯金纳年轻时期正处于世界的分裂时期，殖民地纷纷革命，独立倾向日渐明显，并在不久取得了空前的成功。这种冷战氛围遍布世界每个角落。学术界对冷战的研究在20世纪50年代开始出现，在英国表现得更为明显，许多学者提出意识形态终结的理论，对专家治国的共识进一步增长。斯金纳当时还是一个十几岁的中学生，就非常反对这种倾向，反对专家治国，主张福利社会主义，表现出超常的政治爱好与兴趣。

斯金纳曾于1974~1975年和1976~1979年到美国普林斯顿大学高级研究院进行学术研究，1993~1995年任剑桥大学历史学院院长[2]，1996~1998年任"共和主义：一种共享的欧洲遗产"的欧洲科学基金网主席，1997年10月受命为剑桥大学钦定近代史教授。因其卓越的学术贡献，斯金纳先后成为英国皇家科学院院士、英国皇家历史学会会员、欧洲科学院院士、美国科学与艺术学院荣誉外籍院士[3]，1998年又被任命为剑桥大学副校长协理（Provice-Chancellor）[4]。

---

[1] 〔美〕戈登·伍德：《美国革命的激进主义》，傅国英译，北京大学出版社，1997，第96页。

[2] 〔英〕昆廷·斯金纳：《霍布斯哲学思想中的理性和修辞》，王加丰、郑崧译，华东师范大学出版社，2005，第7页。

[3] 〔英〕昆廷·斯金纳：《自由主义之前的自由》，李宏图译，上海三联书店，2003，第110页。

[4] 〔英〕玛丽亚·露西娅·帕拉蕾丝-伯克编《新史学：自白与对话》，彭刚译，北京大学出版社，2006，第266页。

二 斯金纳著作及其学术地位

斯金纳著述颇丰,主要涵盖了两个方面:历史与政治思想,其中《近代政治思想的基础》(剑桥大学出版社,1978)、《马基雅维里》(牛津大学出版社,1982)、《剑桥文艺复兴哲学史》(剑桥大学出版社,1988)、《马基雅维里与共和主义》(剑桥大学出版社,1990)、《霍布斯哲学思想中的理性与修辞》(剑桥大学出版社,1996)、《自由主义之前的自由》(剑桥大学出版社,2001)、《政治的视界》[1](剑桥大学出版社,2002,其中第二卷汇集了其共和主义思想的主要观点)等在学术界产生了重大的反响。这些作品使斯金纳在西方政治思想史上涂上了浓墨重彩的一笔,并使其成为以后政治思想史编撰所不可或缺的代表人物。

昆廷·斯金纳在学术界的影响是巨大的,享有很高的学术声望与荣誉。在西方史学界,凭借其思想史方面的独到见解和深邃眼光,斯金纳与约翰·邓恩、约翰·波考克一道成为剑桥大学思想史研究最有代表性的"三剑客",他们所开创的研究领域和研究方法在西方学术界被称为思想史研究中的"剑桥学派"[2],对当代政治思想史学研究产生了重大的影响。尤其是斯金纳,甚至在当代学界掀起了一场"斯金纳革命"[3]。除此之外,斯金纳对共和主义的复兴也起了重要的作用。由于他的努力,共和主义思想史的

---

[1] Quentin Skinner, *Visions of Politics*: *Regarding Method*, Vols. 1 – 3, Cambridge University Press, 2002. 目前还没有中文版本。

[2] 〔英〕昆廷·斯金纳:《自由主义之前的自由》,李宏图译,上海三联书店,2003,第111页。

[3] "斯金纳革命"来自凯瑞·帕罗内,主要指斯金纳在政治思想史研究方法上的创新,以及这种创新带来思想史内容本身的修正与革命。参见〔芬兰〕凯瑞·帕罗内《昆廷·斯金纳思想研究》,李宏图、胡传胜译,华东师范大学出版社,2005,第174页。

很多方面将要重写，也正因为如此，斯金纳成了当代共和主义的领军人物。虽然斯金纳本人认为"自己首先不是一流的政治理论家，而仅仅是一个研究这个领域的历史学家"[①]，但事实却如 1995 年"泰晤士报文学副刊"所表明的那样，自 1970 年起，昆廷·斯金纳成为被引用和被评论最多的政治理论家和思想史家之一。

第二节　斯金纳政治思想史研究方法的理论渊源

斯金纳首先是历史学家，然后才是政治思想家，所以，斯金纳思想的历史渊源是相当深厚的。斯金纳之所以能在政治思想史研究领域独树一帜，并成为当代共和主义的代表人物，和他在研究方法上的创新是分不开的。因为，如果没有独特的方法论，斯金纳就不可能从不同的角度来审视共和主义，就不可能对共和主义思想有所创新，更不可能在共和主义思想史学界赢得如此远播的声誉。

影响斯金纳的研究方法的人很多，不胜枚举，本书择其大端，拟从以下几个方面进行阐述。

一　柯林伍德

斯金纳的思想受到来自许多方面、许多人物的影响，但若权衡轻重，柯林伍德一定荣登榜首。关于柯林伍德对自己的影响，斯金纳毫不讳言："我深心服膺于柯林伍德的核心观念——那原本是从他的美学中推引出来的——也即，一切艺术作品（包括哲学和文学著作）都是有其意图的物品，并且因此要想理解它们，我

[①] 〔芬兰〕凯瑞·帕罗内：《昆廷·斯金纳思想研究》，李宏图、胡传胜译，华东师范大学出版社，2005，第 173 页。

们就必须还原和领会潜藏于它们之中的种种意图。这些意图绝不会就写在它们的表面，然而发现它们却是解释学的任务的一部分……必须考察各种直接的语境。这正是我最初起步时强烈地打动了我的观念。"①"事实上，我觉得对我作为一个历史学家的实践而言产生了最为直接的理论影响的作者就是柯林伍德。"②由此可见，斯金纳受到柯林伍德的影响巨大而深远。

柯林伍德曾经大力主张："教科书所描写的都不是现在仍活着的历史学家所思考的内容，而是过去的历史学家所理解的内容。原始材料就出现在过去那个时候，教科书便是根据这些材料而写成的。它不仅仅是那种在收入教科书中时就已经过时了的历史思想的结果，它也是历史思想的原则，即有关历史思维的性质、对象、方法和价值的观念……通过教育而获得的一切知识会伴随着一种特殊的错觉，即最终定论的错觉。一个无论哪个学科的学生，当处于学生的地位时，他就必须相信事物是确定的，因为教科书和他的老师都把它当成确定的。当他从那种状态中走出来并着手亲自研究这个学科时，他就会发现没有什么东西是确定的……另一方面，如果他脱离学生的状态后不再继续从事这个学科，那么他也就永远不能使自己摆脱这种教条主义的态度。"③

正如拉斯莱特、波考克和斯金纳本人在《意义和理解》一文中所表明的那样，柯林伍德对教材的这种批判，是剑桥大学批判

---

① 〔英〕玛丽亚·露西娅·帕拉蕾丝-伯克编《新史学：自白与对话》，彭刚译，北京大学出版社，2006，第278页。
② 〔英〕玛丽亚·露西娅·帕拉蕾丝-伯克编《新史学：自白与对话》，彭刚译，北京大学出版社，2006，第271页。
③ Jan Vander Dussen (ed.), *The Idea of History: With Lectures 1926–1928*, Oxford Paperbacks, 1994, pp.7–8.

传统的政治思想史至关重要的方面①，也在方法论方面深深地影响到斯金纳的成长与发展。

二　约翰·波考克

斯金纳念本科的时候就开始阅读波考克的著作，并深深佩服波考克的真知灼见，尤其是波考克的博士论文《旧宪制与封建法》(*The Ancient Constitution and Feudal Law*)，该书于1957年第一次出版，被斯金纳认为是他本科时代看过的最激动人心的著作，由此，斯金纳觉得波考克就是"付诸实践的柯林伍德"②。

波考克非常关注语言的作用。他认为："语言是历史的结果，它就是历史本身。首先，通过语言探索能够取得一种历史性的效果，能够带来第二层次的有关语言使用的陈述，而这正是一种历史陈述；其次，这种活动可以被视为一种历史行动者，它引起了语言意识以及语言使用本身的历史的变迁。1956年左右，对许多人来说，语言分析摧毁了政治哲学，然而，正是语言分析推动了系统化思想的历史（传统意义上的'哲学'）向一种语言的使用并日益完善的历史（新的意义上的'哲学'）转化，从而使政治思想史获得了解放。"③

波考克还提出了"不同政治思想家是在不同抽象水平中进行思考的"这个论点。而这个论点影响到了拉斯莱特，也影响到了

---

① 〔芬兰〕凯瑞·帕罗内：《昆廷·斯金纳思想研究》，李宏图、胡传胜译，华东师范大学出版社，2005，第61页。
② 〔英〕玛丽亚·露西娅·帕拉蕾丝－伯克编《新史学：自白与对话》，彭刚译，北京大学出版社，2006，第273页。
③ 丁耘主编《什么是思想史》，上海世纪出版集团、上海人民出版社，2006，第71页。

斯金纳[1]。波考克把历史当成一种论辩,这种观点是有别于拉斯莱特的。波考克指出,政治思想史具有一个属于特殊门类的传统,也就是"智识化的传统"。从这个角度出发,波考克认为政治思想史研究存在二元主义:"政治思想可以被认为是社会行为的一个方面,是人们对彼此以及对他们社会制度的行为方式,或者,它可以被认为是智识的一个方面,人们试图获得对自己的经验和环境的理解。"[2]波考克认为,这种二元主义是可以理解的。与哲学家的兴奋点不同,历史学家感兴趣的是个体对政治的理解,以及他们的个体行为如何影响到历史的发展。历史学家认为,历史中人物的行为可以通过历史重建的方式进行研究,以显示他们生活在其中的世界是什么样子,他们在那个世界中又是如何行事的[3]。在波考克看来,人们的政治活动必然和政治理论有某种关联,但波考克并不过分强调自己理论的作用。他认为,政治思想的研究可以向两个方向发展,而他的同事斯金纳所尝试的立场,处于波考克和拉斯莱特之间,并超越了他们。斯金纳对波考克的"政治概念"进行了拓展,但是并不局限于波考克所说的稳定的概念,而是更多地关注概念的转换。

三 彼得·拉斯莱特

在剑桥大学,斯金纳的导师约翰·巴洛(John Burrow)推荐

---

[1] 参见〔芬兰〕凯瑞·帕罗内《昆廷·斯金纳思想研究》,李宏图、胡传胜译,华东师范大学出版社,2005,第15页。

[2] Pocock, J. G. A., "The History of Political Thought: A Methodological Enquiry", in Peter Laslett and W. G. Runciman Philosophy (eds.), *Politics and Society* (Second Series): *A Collection*, Oxford: Blackwell, 1962, p. 185.

[3] Pocock, J. G. A., "The History of Political Thought: A Methodological Enquiry", in Peter Laslett and W. G. Runciman Philosophy (eds.), *Politics and Society* (Second Series): *A Collection*, Oxford: Blackwell, 1962, p. 190.

他阅读了拉斯莱特版本的洛克的《政府论》,这对斯金纳的影响非同小可,对他以后的研究具有决定性的意义。拉斯莱特声称,他为洛克所做的工作,还没有人为霍布斯做过,后者的哲学比洛克更加具有系统性。这也是后来斯金纳研究霍布斯的直接原因之一。斯金纳当时认为:"我已经深受其著作的基础性研究方法的影响,认为它是先验决定的,能够同样运用于霍布斯研究,并着手尝试这种研究。"①

在斯金纳看来,拉斯莱特不仅在学术上给了他指导,而且在生活上也关心他的成长。斯金纳22岁毕业时留校担任了历史学科方面的主任助理,而且要协助本科生的录取工作,每周还有15小时的课程,工作非常繁忙,拉斯莱特给了他很大的帮助,斯金纳至今回忆起来都非常动情,认为拉斯莱特对"我的关注、我们在他学院的办公室和他家里无休无止的谈话,对那个时候的我而言,真是弥足珍贵"②。

事实上,斯金纳能够走在政治哲学这条路上,并且走得这么一帆风顺,是与拉斯莱特密切相关的。正是有了拉斯莱特的启发和提示,斯金纳才开始着手研究霍布斯,并取得了辉煌的学术成果,奠定了自己在学界的地位。"因此,可以说我的学术生涯开始之时有三件幸运的事情。一是受益于拉斯莱特的忠告……"③

四 路德维希·维特根斯坦

第二次世界大战后的英国,活跃着一个"另类"的哲学家:

---

① Quentin Skinner, *An Interview with Quentin Skinner*, Cogito, 1997, pp. 69 – 76.
② 〔英〕玛丽亚·露西娅·帕拉蕾丝 - 伯克编《新史学:自白与对话》,彭刚译,北京大学出版社,2006,第272页。
③ 〔英〕玛丽亚·露西娅·帕拉蕾丝 - 伯克编《新史学:自白与对话》,彭刚译,北京大学出版社,2006,第273页。

路德维希·维特根斯坦。斯金纳对他的评价相当高,认为"他是我们哲学的天才"①。J. L. 奥斯汀死后,有人在 1962 年出版了他的一本书《如何以言行事》,其中直接使用了"言语行动"的观点,而这个观点是来自维特根斯坦的。斯金纳指出,J. L. 奥斯汀与维特根斯坦的关联"现在,在以言行事这个方面,J. L. 奥斯汀是做得最出色的"。"维特根斯坦引导我们思考语言的运用,依我看是奥斯汀有效地采纳了这个提议并加以实施。结果是对这件事情的惊人的、准确的剖析:讨论语言可以被用于的各种方法,因而谈论使用语言能够做的事情的范围,究竟有何意义。"②但是,维特根斯坦和奥斯汀这个观点并没有被主流政治思想研究者所接纳,这个观点被广为关注是由于斯金纳等人的努力所达到的。斯金纳的《意义和理解》已经比前面两者中的任何一位更旗帜鲜明地提出了相关的论点③。"用维特根斯坦的表达式,通过观察概念工具,我能够更好地重述我的反驳。"④

五 托马斯·霍布斯

作为英国最伟大的政治学家之一,托马斯·霍布斯(Thomas Hobbes,1588~1679 年)备受西方政治哲学界、史学界关注,后来的学者对其给予了非常高的评价。著名政治学家列奥·施特劳斯就曾坦言,自己一度误认为,霍布斯是近代政治哲学的创始人。

---

① 参见〔芬兰〕凯瑞·帕罗内《昆廷·斯金纳思想研究》,李宏图、胡传胜译,华东师范大学出版社,2005,第 30 页。
② *Finish Yearbook of Political Thought*, Vol 5, SoPhi Academic Press, 2000, pp. 46 - 47.
③ Quentin Skinner, *Visions of Politics*: *Regarding Method*, Vol. 1, Cambridge University Press, 2002, pp. 57 - 89.
④ James Tully, *Meaning and Context*: *Quentin Skinner and His Critics*, Princeton University Press, 1988, p. 283.

虽然后来他纠正了自己有偏差的看法,最终将这份殊荣给予了马基雅维里,但他依然明确表示:"霍布斯的政治哲学……不但对于作为一个知识门类的政治哲学本身,而且对于整个近代哲学,都具有至高无上的意义。"[1]昆廷·斯金纳在他的学术研究生涯中也充分认识到了霍布斯政治思想的重要性。这个在斯金纳早期著作中得以显现,虽然斯金纳说他是偶然选择了霍布斯作为自己的研究对象,但他依然承认他后来的学术生涯从没有放弃对霍布斯政治思想的研究。在研究其他共和主义思想家的时候,斯金纳再次认为霍布斯的政治理论在整个西方思想史的发展过程中具有极其重要的意义,尤其是霍布斯关于国家的理论和自由理论,对西方政治思想史中的两大基本概念——"国家"和"自由"——的形成和发展产生了深远影响。在斯金纳看来,霍布斯在国家和自由两个方面的阐述,不仅构成了霍布斯政治思想的核心内容,而且体现了霍布斯在政治论争中的基本立场。

斯金纳在考察近代"国家"的概念史时,多次提及霍布斯的政治思想[2]。他说,霍布斯认为"臣民对国家负有义务,而不是对统治者个人负有义务",这在当时来说仍然是相对新颖,而且是非常有争议的观点。在斯金纳看来,霍布斯的这种观点暗示了国家是政府权威的最高来源,使得国家成为一个独立存在的政治单位。斯金纳认为,虽然霍布斯坚决拥护君主统治,但他事实上也是一个典型的契约论者。霍布斯主张人类通过自由地订立契约,摆脱自然状态,过渡到文明状态。自然状态虽然是自由却缺乏法律保

---

[1] 〔美〕列奥·施特劳斯:《霍布斯的政治哲学:基础与起源》,申彤译,译林出版社,2001,第66页。
[2] 王芳:《解读斯金纳对霍布斯政治理论的研究》,《黑龙江史志》2011年第1期。

护的状态,生活在这样的状态下,每个人的生命安全和幸福得不到有效的保障。因此,为了自身的保障,人类有必要通过契约的形式从自然状态过渡到文明的状态。同时,在契约状态下的人们,必须服从在自由自愿契约基础上共同制定的各种法律,以制度和法律来规制并约束每个人自己的行为。对于霍布斯的这种通过契约进入文明状态的观点,斯金纳说:"这里存在着这样的一种含义,即当我们同意放弃我们的自然状态时,我们也必须决定放弃一种自由的形式。"[1]霍布斯的观点明确承认,虽然通过契约,我们脱离了自然状态,放弃了我们的自然自由,但是签订契约的行动完全是出于自愿的,也是依据理性作出的。霍布斯指出:"我订立契约的唯一目的是,确保这些权利得到——与在自由但是好战的纯粹自然状态中依靠我自己的努力我所期望得到的结果相比——更好的保护。"因此,契约"这个词的正确意义没有限制我们的自由"[2],而是更好地保护我们的自由。

斯金纳认为,按照霍布斯的说法,我们保有自由的含义,就是在于我们的行动服从于法律。当法律通过让我们对不服从的罪恶结果产生恐惧从而强制我们服从于它时,法律没有迫使我们去做那些与我们的意愿相抵触的事。因为霍布斯认为,只有外部阻碍才会剥夺我们的自由,而恐惧并不是外部阻碍,所以我们在服从法律时,无法被认为不能自由地行动。事实是,当我们对不服从的后果进行反思时,由于感到恐惧,从而获得了如法律所规定

---

[1] Quentin Skinner, *Visions of Politics : Regarding Method*, Vol. 3, Cambridge University Press, 2002, p. 220.

[2] Quentin Skinner, *Visions of Politics : Regarding Method*, Vol. 3, Cambridge University Press, 2002, p. 221.

的行动的意愿①。"我们发现,自己的困境与那些'因恐惧船只会沉没而将自己的商品扔到大海里去'的人正好类似。他所采取的行动远非违背自己的意愿,而是'非常自愿的,如果他愿意,他也会拒绝这样的行动:因此这个行动是一个人自由的行动'。正如霍布斯严厉地总结道:'恐惧与自由是一致的'"②对霍布斯来说,恐惧没有限制我们的自由,"出于恐惧而行动仍然是自由的行动"③。所以,霍布斯认为,我们服从于法律,实际上就是按照自己的意愿自由地行动。但是,在霍布斯的自由理论中,斯金纳更为关注的是他把臣民的自由称为"法律的沉默"(The Silence of the Law)的论点。霍布斯始终坚持,自由属于自然领域,而国家的法律属于人工领域④。

霍布斯认为,在法律没有规定的地方,就是臣民可以自由行动的地方,臣民的自由就是指不受法律的束缚。霍布斯指出,法律的规定就是一种外在的阻碍,它总是限制臣民的自由。对此,斯金纳总结出霍布斯的结论是"只要不存在你必须遵守的法律,作为一个臣民,你就是完全拥有了你的自由。'在主权者没有制定规则的地方,臣民就有自由按照他自己的决定去行事,或做或不做。'只要你既没有被外力也不被法律所强制,作为一个臣民,你就是保有了自由"⑤。总之,霍布斯认为,一切强制力量——当然

---

① 王芳:《解读斯金纳对霍布斯政治理论的研究》,《黑龙江史志》2011 年第 1 期。
② Quentin Skinner, *Visions of Politics: Regarding Method*, Vol. 3, Cambridge University Press, 2002, p. 16.
③ Quentin Skinner, *Visions of Politics: Regarding Method*, Vol. 3, Cambridge University Press, 2002, p. 223.
④ Quentin Skinner, *Visions of Politics: Regarding Method*, Vol. 3, Cambridge University Press, 2002, p. 225.
⑤ Quentin Skinner, *Liberty Before Liberalism*, Cambridge University Press, 1998, p. 9.

包括法律——总是限制臣民的自由。斯金纳始终把霍布斯作为新罗马自由理论家的反对者来看待。他认为,霍布斯在《利维坦》中激烈地攻击了新罗马自由理论。斯金纳指出:"霍布斯坚持认为,在建立自由国家和保持个人自由之间存在着任何联结的假设都是一种混乱。"①对此,斯金纳分析说,由于霍布斯认为臣民的自由存在于法律的沉默,而"所有的国家都有法律,所有的臣民都要服从于法律",所以,"不论一个国家是君主国还是民主国,自由总是一样的"②。按照霍布斯的自由理论,"如果我们坚称,我们的自由已经被剥夺,那么,我们必须能够指出某些外部主体中的某些干涉的行为。作如下的宣称是没有意义的,即与生活在自治共和国条件下的臣民相比,我们的自由更少,原因仅仅是我们生活在绝对权力之下"③。在斯金纳看来,霍布斯认为"与个人自由有关的,不是法律的来源,而是它的范围"④。也就是说,臣民的自由只取决于法律的数量,而与国家的政治体制没有任何关联。

基于以上了解,我们可知,斯金纳后来提出的关于国家、自由的理论,其灵感来自霍布斯的启发,来自他对霍布斯理论批判性的吸收,来自他对霍布斯政治哲学深刻的理解。

六 后现代主义

后现代主义思潮是产生于20世纪中后期、流行于西方学术界的一种文化思潮。这种思潮最先出现于建筑界和艺术界,然后风

---

① Quentin Skinner, *Liberty Before Liberalism*, Cambridge University Press, 1998, p. 99.
② Quentin Skinner, *Visions of Politics*: *Regarding Method*, Vol. 3, Cambridge University Press, 2002, p. 228.
③ Quentin Skinner, Bo Stråth (eds.), *States and Citizens*: *History*, *Theory*, *Prospects*, Cambridge University Press, 2003, p. 16.
④ Quentin Skinner, *Liberty Before Liberalism*, Cambridge University Press, 1998, p. 85.

行草偃,影响到哲学、语言、文学和历史等领域。特别是20世纪80年代以来,"后现代"在西方乃至全世界都成了一个时尚的词语;后现代主义者常用的一些概念,如"文本""话语""叙事""颠覆""解构"等,成了好些人的口头禅。"人人皆话语,个个谈文本,解构不离手,颠覆不离口"成了西方后现代文化的一大景观[1]。从理论层次来解读后现代,它有以下几个鲜明的特点。

(1)反基础主义。传统哲学都是基础主义的哲学,但后现代认为不存在真正的基础,主张通过互文的方法来消解基础。文本互为基础,后现代反对把历史看成一个联系的、进步的过程,认为我们只存在于现在,没有历史,所谓的历史就是一堆文本。

(2)反理性主义。传统的学术大多是理性主义的,理性主义追求世界的本质,追求绝对的真理和终极的价值。传统的理性主义追求世界的本质,追求绝对的真理,追求终极的价值。从古希腊哲学推崇的"逻各斯中心主义",到近代笛卡尔提出的"我思故我在"、康德的"理性为自然界立法",理性在科学和社会领域越来越具有支配地位。而后现代主义认为,人类的理性是有限的,不可能建构起一套完善的理论,因此理性也是不可靠的。后现代主义的代表德里达认为,这个世界如果说有真理,那也是自我设定的真理,并没有所谓的客观真理,真理并不反映什么,因为中心和本原都已不存在。在德里达看来,"游戏的规则已被游戏本身替代",德里达的一句名言就是"文本之外,别无他物"[2]。

(3)反中心主义。古代哲学是一种中心主义哲学。人们认为自然是宇宙的中心,上帝是宇宙的中心,这种中心主义发展到现

---

[1] 赵光武:《怎样认识后现代主义哲学》,《求是》2002年第8期。
[2] 〔法〕德里达:《人文科学语言中的结构,符号及游戏》,吴万伟译,漓江出版社,1991,第150页。

代就是把人看做主体,看做万事万物的中心,人成了"万物的尺度"。但是,后现代主义反对这种思想。后现代的代表人物福柯认为"人类已经死亡",利奥塔也反对传统的元叙事,反对元叙事的主体、中心地位,他从另一个角度再一次说明了小叙事的合法性,提出要关注非中心的叙事。利奥塔在《后现代状况》一书的最后呼吁再一次鲜明地表达了自己的这种立场:"让我们向统一的整体开战,让我们成为不可言说之物的见证者,让我们不妥协地开发各种歧见差异,让我们为秉持不同之名的荣誉而努力。"①

(4) 反进步主义。反进步主义主要表现为反现代主义。现代主义在很大程度上总是相信历史是呈线性发展的,它始终向前,我们所求的未来是美好的。通过人们理性的创造,科技进步、社会发展、生活幸福的理想就一定能够实现。在后现代主义者看来,启蒙传统的现代观念虽然造就了当今的西方文明,推动了社会生活的现代化进程,但是在现代性的建构过程中也产生了无数的痛苦和不幸,从受资本主义压迫的农民、无产者,到在公共领域受到排斥的妇女、少数民族,再到受资本主义殖民盘剥的第三世界以及那些在殖民过程中被灭绝的民族,都是现代化过程的牺牲品。

后现代主义表现在思想史研究方面就是否认历史的真实性和客观性,否定普遍真理,反对大叙事史学,反对"大写历史"(所谓"大写历史"就是传统的以精英为研究对象的思想史),主张"小写历史",认为历史已经越来越零碎、分散、多样了。所以,后现代主义者主张小历史、微观史、日常史,还主张研究方法、研究对象的多样性。在思想史研究方面,斯金纳的研究方法深深受到后现代主义理论的影响,明显具有后现代主义的一些特点。

---

① 〔法〕利奥塔:《后现代状况》,岛子译,湖南美术出版社,1996,第211页。

斯金纳认为:"寻找我们思想不容置疑的基础就像寻找麒麟一样不可能成功,我们必须马上停止这种无意义的寻找。"①斯金纳断言:"我始终是一个反基础主义者,虽然这一点也是对的……在 20 世纪 60 年代这个特定的术语也已经不再流行。"②"就愿意对作者与权威之间的关系提出质疑,并认为一个文本可以负载各种各样其作者没有想到的意义而言,我有着足够的后现代主义的色彩。"③在思想史的研究对象上,斯金纳强调"去中心",相对于传统的研究者,斯金纳贬低了"大人物"的作用,而有利于复活那些已经被遗忘的作者和一些论辩性的不知名的书。斯金纳也反对以斯特劳斯为代表的精英的思想史,主张研究小人物的思想,认为那更能反映那个时代的政治思想。除此之外,斯金纳也主张微观史,比如他主张把思想史的研究定位于更小的单位——"概念",主张利用对日常语言、风俗习惯的研究来恢复一种政治思想的语境,这些都与后现代主义的影响是分不开的。

当然,除了以上几个对斯金纳影响颇深的学者之外,当代一些思想家与历史学家,如菲利普·佩迪特、约翰·邓恩、阿克顿等人,也在某种程度上影响着斯金纳的成长④,都曾在不同方面影响着斯金纳并给他以不同程度的启迪。

---

① Richard Rorty, *Philosophy and The Mirror of Nature*, Princeton University Press, 2009, p. 47.
② 转引自〔芬兰〕凯瑞·帕罗内《昆廷·斯金纳思想研究》,李宏图、胡传胜译,华东师范大学出版社,2005,第 70 页。
③ 〔英〕玛丽亚·露西娅·帕拉蕾丝 - 伯克编《新史学:自白与对话》,彭刚译,北京大学出版社,2006,第 294 页。
④ 甚至斯金纳儿时的监护人——他的姨母也对他的学术产生了一定的影响,因为她虽然身为医生,但对历史学很感兴趣。参见〔英〕玛丽亚·露西娅·帕拉蕾丝 - 伯克编《新史学:自白与对话》,彭刚译,北京大学出版社,2006,第 269 页。

第三节 历史语境主义

一 剑桥学派对思想史研究方法的变革

长期以来，学术界尤其是思想史学界盛行一种歌德式的假设：凡是值得思考的问题，没有一个不是被思考过了的，我们所能做的不过是力图重新思考而已。由于人类的根本处境并没有随着历史条件的改变而改变，因此哲学、政治、道德、艺术、宗教等领域值得人们重新思考的问题就没有发生根本性的改变。所以，以往的杰出思想家以及他们的经典文本就代表了人类关于这些问题思考的最高境界。他们关于这些永恒问题的探索成果理应成为我们进行思考和生产生活的思想宝库和智慧源泉。我们可以从那些杰出人物的言行和经典文本中学习和受益。正因为如此，当代思想家所做的就是去研究和阐释这些经典文本，其作者是被学术传统尊为伟大者或历史光荣榜中的一员。

这种假设到19世纪开始面临严重的挑战。19世纪，西方历史主义开始冉冉升起。历史主义认为，所有文化都孕育，发展、形成于一个特定的、独一无二的、空前绝后的自然、社会、历史条件之中，它们的价值就在于它和其他文化不可通约的独特性。一切人类思想都受制于它们所处的具体历史条件和时代背景，没有任何所谓的伟大思想能够超越其历史局限性，能够跨越时空，因而人类思想中就没有什么真正永恒和持久的成分。

政治思想史传统研究方法论的代表、政治思想史领域的巨擘、美国政治学家列奥·斯特劳斯非常反对历史主义的这种看法。斯特劳斯认为，历史主义是自相矛盾的："历史主义既已断定所有的人类思想，或者至少是所有合理的人类思想都是历史性的，它就承认了人类思想有能力获得某种普遍有效,并且不会受到任何将来的惊人事件影响的最为重要的洞见……历史主义之兴旺发达是基于这样的事实:它没有保持连贯一致,而使自己摆脱了它自己给所有人类思想所下的诫命。"①

历史主义者与传统的学者之间的争论一直持续不休。以斯特劳斯为首的学者坚持经典文本的绝对优先性,认为思想史和哲学史研究的方法应该是专注于经典文本,通过字里行间的推敲来把握伟大人物的微言大义。

昆廷·斯金纳与波考克、约翰·邓恩等人在20世纪70年代因其新颖的研究方法和丰硕的研究成果形成了政治思想史研究领域中别树一帜、引人注目的剑桥学派。他们反对传统政治思想研究中所确立的以"英雄榜"或"点鬼簿"为研究对象的范式。斯金纳认为,所谓的杰出人物或者英雄是如何获得了"准入"资格这一点是不清楚的,好像没有一定的规范。有人虽然在当时或随后未必入选,但由于其在某种思想的角度不同或者更具深度而被后人重新"发现"出来。斯金纳指出,传统的政治思想史讨论的是进入了思想史花名册中的主要人物,但他们之间的联系很模糊,也缺乏一个公认的"准入"标准。

到现在为止,斯金纳与他们创建的剑桥学派得到了广泛的关注和赞同,成了政治思想史研究的主流学派,但它的理论渊源可以追溯到拉斯莱特和柯林伍德。剑桥学者拉斯莱特曾经提出把历史学研究方法作为研究政治思想的一种"后哲学"的选择,在1960年他编辑了洛克著作《政府论》来促进这场讨论。对洛克研究来说,拉斯莱特的这个版本无疑是革命性的。拉斯莱特在这个

---

① 〔美〕列奥·斯特劳斯:《自然权利与历史》,彭刚译,三联书店,2003,第25~26页。

版本里反对传统的对洛克《政府论》的作用和意义的陈旧解释:"在历史书籍和政治理论的著作中,洛克对英国革命的论述依然是现实政治事件与政治思想相互作用的最高典范。这个信念太根深蒂固、太有效,根本无法轻易放弃。但是事实上的确不是那么回事。"①拉斯莱特认为,这个问题也不是无可救药的,修正的办法只有一个:把洛克《政府论》写作的主要目的,定位于对菲尔默出版《父权论》以及对1680~1683年"排斥法案"危机的一种回应。"《政府论》事实上是对革命到来的一种呼唤,而不是为革命合理性所作的辩护。"②因此,拉斯莱特挑战了传统的观念,认为我们传统上把洛克《政府论》看成政治哲学的观点是错误的,洛克并不具有建立一套超越当时历史、当地经验的经典性理论的企图。此书后来被认为是古典自由主义的经典、光荣革命的理论辩护、英国宪政主义的开山之作,但这一切都绝非它本身所具有的历史地位。他指出:"从我们讨论的角度出发,《政府论》应该是作为对当时政治文化氛围的一种回应,起源于1679~1680年的秋冬,整整比我们传统所认为的著作成书时间早了10年。它是一篇关于'排斥法案'危机的檄文,而不是一本革命的手册。"③

拉斯莱特在这篇导言里隐含着自己对洛克文本不同于哲学家的解读,隐含着这样一个研究纲领:历史成为一种批判性的力量。他认为:"我们的首要目的必须是一个谦虚的历史学家的工作,建立洛克自己想要它被读作的文本,把它置于历史的语境中——洛克自身的那种现实语境,然后再去展示他自己的所想、所写和产

---

① John Locke, *Two Treaties of Government*, Cambridge University Press, 1988, p. 46. 翻译时参考了〔芬兰〕凯瑞·帕罗内《昆廷·斯金纳思想研究》,李宏图、胡传胜译,华东师范大学出版社,2005,第14页。
② John Locke, *Two Treaties of Government*, Cambridge University Press, 1988, p. 47.
③ John Locke, *Two Treaties of Government*, Cambridge University Press, 1988, p. 61.

生了历史影响的洛克之间的关联。"[1]

在此之前,柯林伍德在《自传》里就曾特别加以强调。他指出,在使用看起来似乎是同一概念的时候,历史语境可以作为理解差异的条件[2]。拉斯莱特的贡献在于把语境和洛克文本的解读具体联系起来,回到洛克所想要被解读的文本之中。当然,拉斯莱特对洛克《政府论》的重新审视未必就是为了重读洛克,事实上在他的那种语境下他可能有着其他的目的。比如,他是为了反对当时英国哲学家对历史学家的轻视,让那些哲学家看到——历史学家至少能够有助于他们的哲学研究,复原文本的本来语境,对哲学的理解是很有帮助的,并且历史的方法可以推进哲学的发展。

二 斯金纳与历史语境主义

在近几十年,无论是在政治哲学研究领域,还是在历史学研究领域,以昆廷·斯金纳为代表的"剑桥学派"成了占主导地位的学术流派,其历史语境主义方法被认为是政治思想史研究的一场革命,在学术界产生了广泛的影响。为什么斯金纳的研究方法产生了如此重要的影响?这种研究方法对政治思想史的研究作出了什么样的贡献?

(一) 历史语境主义研究方法产生的理论背景

对理解历史上的政治思想来说,从逻辑上看,只有两种维度:历史和哲学。与此相应,就形成了两种可能的研究方法:历史语境主义和文本中心主义[3]。前者注重政治思想史上某一特定文本的

---

[1] John Locke, *Two Treaties of Government*, Cambridge University Press, 1988, p. 4.
[2] Colling Wood. R. G. , *An Autobiography*, Clarendon Press, 1978.
[3] 李见顺:《历史语境主义:昆廷·斯金纳政治思想史研究初探》,《船山学刊》2009 年第 1 期。

社会和文化背景，倾向于历史地理解政治思想；后者则注重历史上政治思想的连续性、独立性，不太强调历史、社会条件和文化背景对政治思想的限制和影响，倾向于对政治思想作无历史的解读。以语境为中心还是以文本为中心，本质上的区别在于是强调语境的解释作用和效力，还是注重文本本身的解释能力。两者都致力于重新发掘政治思想文本的真实意图，但取向和侧重点迥异。由于立场的尖锐对立，持语境中心论的政治思想家与持文本中心论的政治思想家，基于范式分歧而展开了论战。这是斯金纳提出历史语境主义研究方法的理论背景。长期以来，在政治思想史研究中占主导地位的研究方法是在哲学的抽象层面上来展开其研究的，这以阿瑟·Q.洛夫乔伊和列奥·施特劳斯为代表。阿瑟·Q.洛夫乔伊是"观念史"的主要创始者，在其代表作《伟大的存在之链》中，他重点关注的是西方思想传统中那些基本的和经久不变的单元观念（Unit Ideas）。洛夫乔伊所说的单元观念是指构成各种学说的基本单位，包括各种概念、范畴、假设，如政治思想史领域内的"自然权利""社会契约""权力分立"等。这些单元观念是人类思想的基本成分，是人类思想演进的关键环节，影响或者决定着人类思想的发展。观念史考察的就是各个单元观念出现、孕育、发展和组合进入各种思想系统的过程。观念本身似乎就获得了某种独立的生命力，只不过需要借助思想家的思想母体，才能发育成熟。因此，观念史的研究对象是单元观念及承载这些单元观念的经典著作。列奥·施特劳斯认为，历史主义是自相矛盾的，无法提供客观永恒的准则。"历史主义既已断定所有的人类思想，或者至少是所有合理的人类思想都是历史性的，它就承认了人类思想有能力获得某种普遍有效，并且不会受到任何将来的惊人事件影响的最为重要的洞见。……历史主义之兴旺发达是基于这样的事实：它没有保持连贯一致，而使自己摆脱了它自己给所有人类思想所下的诫命。"①

人类思想本身并不受具体处境和条件的历史性的限制。人类根本处境的相似性和根本问题的持久性，使人类思想获得了超越具体历史视阈的永恒性。基于这种立场，列奥·施特劳斯的研究方法就是以文本为中心，专注于经典文本，一是读解前人的思想，二是在读解前人的思想时发挥自己的"微言大义"。对于阿瑟·Q.洛夫乔伊和列奥·施特劳斯哲学式的"理性重建"的研究方法，斯金纳进行了激烈的批评。斯金纳认为，如果政治思想的研究者把主要注意力放在经典文本上，就会忽视政治思想的历史维度，不可能实现对政治思想的历史性理解。因此，斯金纳明确指出："我对传统的'拘泥书本'的方法感到不满意的一点是：虽然这种方法的倡导者往往自称是撰写政治理论史的，但他们却很少能给我们提供真正的历史。"②

斯金纳的问题意识产生于对文本中心主义研究方法的批判之中。他认为，文本中心主义是一种非历史的研究方法，完全忽视了政治思想的历史维度，不可能全面地理解过往的政治思想。因此，斯金纳提出了跨文本的、语境论的研究取向，主张真正历史地理解过往的政治思想。

（二）斯金纳对思想史传统研究方法的批判

斯金纳对文本中心主义的批判与挑战，集中反映在《观念史中的意涵与理解》一文中，这一点已为国内的研究者所熟悉。但

---

① 〔美〕列奥·斯特劳斯：《自然权利与历史》，彭刚译，三联书店，2003，第25~26页。
② 〔英〕昆廷·斯金纳：《近代政治思想的基础》，奚瑞森、亚方译，商务印书馆，2002，第4页。

是，斯金纳后来从考察文本的生成过程和意识形态化过程入手，彻底颠覆了经典理论家和社会习俗及制度的权威，却并未引起国内研究者的重视。事实上，后者实际上要比前者有说服力得多。斯金纳透过对语言和修辞以及两者与社会历史进程之间的互动关系的重视，发现了文本生成的偶然性。他说，著作者并非总是能按自己的意图来言说，为了打破一部分传统，他总是必须依赖于继承更多的传统。比如说，马基雅维里的《君主论》，为了论证君主可以"妥善地"使用欺诈和残暴的手段，马基雅维里一方面继承了"君王宝鉴"一类文本的写作方式，另一方面更继承了君主的光荣来自城邦的独立和臣民的安宁的传统观点。但是，对传统观念及原则的继承很可能只是言说者的修辞策略，是一种不得已的路径依赖，而并非他真实的信仰。因此，文本的意图并非总是能体现著作者的意图，两者应该被区分开来。这进一步说明，文本呈现的内容及写作方式也许只是技巧甚至"欺诈"的结果，包含了巨大的偶然性因素。如果说早年的斯金纳是用"问答逻辑"来质疑经典文本的普适性，那么后来斯金纳则是通过考察文本的修辞令人信服地把著作思想与著作家思想分开，从而以釜底抽薪的方式否定了经典文本的"永恒智慧"。

　　文本的意识形态化过程可能比文本的生成过程更富有戏剧性。斯金纳以其对文艺复兴、宗教改革、英国宪治等重大时刻的细致入微的考察，向世人表明一种思想之得以正统化，往往有赖于天时、地利、人和。巴图鲁斯（Bartolus）的"依事匡法"战胜了罗马法注释家，是因为法国君主和德国领主们需要它。早期路德教义之所以流传广布至成正宗，是因为世俗君主们需要用它来反对教皇并合法化他们的专制君主国。欧洲的君主们倒不见得诚心赞同路德的教义，然而路德教义却可以给他们带来实际的政治利益，他们所要的是后者。可见，文本传播的广度和获得认可的程度，往往不是依赖于它的内容，而是依赖于它在实践中的有用性。对统治者——同时也是传播途径的掌控者——有用的学说，更有可能获得广泛的传播途径和强大的传播力度。可见，文本的产生因应于社会的动荡与权力结构的演化过程，而文本成为经典则是社会斗争偶然选择的结果。依据"问答逻辑"，思想乃因问题而生，因传统的政治权力结构发生不平衡而生；依据修辞逻辑，文本是雄辩技巧的结果；而依据意识形态的演变逻辑，一种思想的正统化，不过是政治权力结构从不均衡到达新的均衡时所附带的选择结果。如果没有巴图鲁斯，没有路德，历史就会推出"图鲁巴斯"或"德路"来做伟大的思想家。可见所谓的"优胜劣汰"，不过是社会达尔文主义者思维懒惰的遁隐之所。法律和教义固然可以表现为当下人们所认识的样貌，却也未尝不可以进化为另一种形态。同理，自由、国家、美德等概念，莫不如此。

《观念史中的意涵与理解》发表在《历史与理论》杂志上，斯金纳在这篇论文里论述了传统研究范式中存在的三个错误：学说的神话（The Mythology of Doctrines）、连贯性的神话（The Mythology of Coherence）、预见性的神话（The Mythology of Prolepsis）[①]。

在斯金纳看来，传统的思想史学家在对已经成为历史的思想进行研究时，最容易出现的危险就是自身在进行研究时所预先设定的种种期待，在头脑里会预先认定某人必定讲了或应该讲了什么，而这种先入为主、自以为是的预见，是各种思想史谬误之所以流传的最大原因之一。

（1）"学说的神话"。斯金纳指出，思想史研究者往往期望，

[①] 彭刚：《历史地理解思想》，载丁耘主编《什么是思想史》，上海世纪出版集团、上海人民出版社，2006，第175页。

每一位经典作者在被认为构成某一主题的所有话题上都必定发表了某种相关的主张。这种主张用于思想研究的实践中,就导致了史学家往往把经典作者细枝末节、零散而偶然的思想收集起来,转化为一种研究者自我认定的学说系统。思想史由此就变成了将重心置于单个思想家的思想传记的合集。这种思想传记的特殊危险在于容易犯时代误置的错误,研究者往往在经典文本中急于发现所期待的证据。很多思想史研究者在从事研究时,暗中依据的是这样的假设:过往的思想家们必定有这样的意图,要使得他们关于某些论题的讨论对该领域作出系统性的贡献。斯金纳非常反对这种学说的神话,强调不要对作者的意图妄加揣测。在斯金纳看来,斯特劳斯及其学派就是这种学说神话的典型,因为斯特劳斯认为,道德、政治学说的历史是思想史上最伟大人物对某些根本问题的不断追寻,于是,人类根本处境的相似性就使得人们有可能在某个时刻突破人类历史性的局限,从而达到对于根本问题的真正的洞见。否认这样的可能性也就否认了以寻求绝对知识为己任的哲学的可能性,否定了自然权利的存在。斯特劳斯在自己的学术后期,日益偏向于古典政治哲学的研究。他认为:"人们必须严肃地对待过去的思想,或者说,人们必须准备好认为这乃是可能的,过去的思想在关键性的方面比之当今的思想更为优越,人们必须认为这是可能的:我们生活在一个在关键性方面比之过去更加低劣的时代,或者,我们生活在一个衰颓或败落的时代。人们必须衷心地向往着过去。"[1]斯特劳斯认为,相对于古典的政治思想而言,现代的政治思想就是一种堕落。"传统的自然法,首先和主要是一种客观的法则和尺度,一种先于人类并一直独立于人

---

[1] 丁耘主编《什么是思想史》,上海世纪出版集团、上海人民出版社,2006,第178~179页。

类意志的、有约束的秩序。而近代自然法，则首先和主要是一系列的权利，或倾向于一系列的权利、一系列的主观诉求，它们起始于人类意志。"①斯特劳斯在对马基雅维里和霍布斯的研究中，认为这两个人是古典传统被破坏颠覆的始作俑者。在他笔下，马基雅维里是非道德、非宗教的邪恶的宗师，而斯金纳从历史语境的角度出发强调思想史并非对于永恒问题的不断贡献，而是对于变化着的问题的变化着的解答。

（2）"连贯性的神话"。研究者总是倾向于将研究对象的思想和著作看做一个融会贯通的整体，看成一个完整的系统。比较典型的做法是：在经典文本中找到一些片言只语、细枝末节，作为贯通全部文本的基础。持有这种观点的研究者往往在对象有矛盾的时候不是倾向于去研究是不是不融合，而是想努力解释它们的矛盾之处，诠释它们之间的矛盾的不存在或微不足道或表面上矛盾而实质上是一致的，始终认为作者应该是前后一致的。

斯金纳认为，这种连贯性之所以说是神话就是因为它往往是人们臆想虚构的，思想家本身在不同时期的思想历程中出现前后矛盾，乃是思想史上常有的事情。斯金纳非常反对斯特劳斯的观点，因为斯特劳斯认为在经典文本中每个表面上的矛盾和混乱之处，其实是作者有意为之，往往都有深意存在，那些矛盾是研究者通过对研究对象的经典文本的字里行间的仔细研读得以最终消除的观点是错误的。在斯金纳看来，斯特劳斯无疑沉浸在学说连贯性的神话之中无力自拔。

（3）"预期的神话"。斯金纳认为，除了学说的神话、连贯性的神话之外，人们还喜欢制造"预期的神话"。预期的神话"在我

---

① 〔美〕列奥·施特劳斯：《霍布斯的政治哲学：基础与起源》，申彤译，译林出版社，2001，第2页。

们对于某个片段的回溯中所具有的重要性比之它对于当时的当事人所具有的意义更加感兴趣时，就很容易发生了"①。预期的神话往往表现为带有目的论意味的解读方式，研究者往往会以自己所熟悉的思维模式来解读和评价对象的文本。例如，经常会有人这样说：当彼得拉克登上旺图山（Mount Ventoux）时，文艺复兴的序幕就拉开了。如今，有人可以用某种浪漫主义的口吻向我们讲述彼得拉克此举的意义及其可能引起我们的兴趣，但类似这样的描述不可能是彼得拉克本人的真实意图，也不是他的举动的意涵所在。"预期的神话"的特点是往往将自己声称的在某种历史条件下发现的意义与所研究的文本本身牵强附会。斯金纳认为，马基雅维里被认为是现代政治取向的奠定者，有了他才使我们站在了现代世界的入口处。这些对于马基雅维里思想的历史重要性的评判虽然可能是成立的，然而类似断言常常使得众多研究者致力于探讨其思想中的现代因素，甚而将其当成马基雅维里本人之意。这里的危险不仅在于太过轻易地看到论者想要在马基雅维里那里看到的现代因素，而且，这种诠释远离了马基雅维里的政治著述本打算实现的东西，可能与马基雅维里政治著作意图的描述完全不搭边界，甚至是背道而驰。

（三）斯金纳的历史语境主义研究方法

斯金纳指出，从原则上来看，传统的方法无法使我们对思想史上的文本形成充分的理解。之所以如此，其根源在于，假如我们想理解这样的文本，我们不仅要能够说出著作家言论的意涵，而且要清楚该著作家发表这些言论时的意图。假如完全将注意力集中在某一著作家在某一方面的言论，不仅失当，而且在许多时

---

① Quentin Skinner, *Visions of Politics: Regarding Method*, Vol. 1, Cambridge University Press, 2002, p. 73.

候会在该著作家的意图或意思上造成明显的误导①。

其实,斯金纳首先是一个知名的历史学家,他和波考克等人作为历史学家提出了历史语境主义,然后才在政治思想上得以应用和阐发。传统观点认为,思想史是通过对经典文本的解读,把历史上伟大的思想家的政治思想系统化,以此推演出一些结论或他们对某些基本观念的态度。而斯金纳等人则指出,思想史不只是精英的思想史,我们也要注意二、三流思想家的作用,他们的观点有时更反映思想的历史真实。由于思想或观念是历史运动的原因,而不是结果,要准确地理解历史,就必须复原思想的本来面貌。为了复原在历史上的思想历程,不为后人的主导性观念和解释所支配,需要把前人的思想放在特定的语境——历史状态——中加以考察,这就是"历史语境主义"②。

斯金纳等人认为,越是把文本视为在更宽广的政治话语中的基本内容,它的内容随着场景的变化而变化,我们的研究也就越能把握住其主旨。因此,在思想史研究的方法论上,他们把注意力从只关注经典文本,或思想的联系性转移到了语境③。斯金纳认为,研究者将思想史中的经典文本视为自足的研究对象,将考察对象置于每个作者对所谓的永恒问题的阐释是不够的。思想史并不存在什么永恒的问题,存在的只是对个别问题的个别回答,而且这一问一答之间必定从属于某个特定的历史语境。

斯金纳说:"我对传统的'拘泥书本'的方法感到不满意的一点是:虽然这种方法的倡导者往往自称是撰写政治理论史的,他

---

① 丁耘主编《什么是思想史》,上海世纪出版集团、上海人民出版社,2006,第123页。
② 钟祥财:《复原:思想史研究的重要方法》,《探索与争鸣》2006年第1期。
③ Norman J. Wilson, *History in Crisis: Recent Directions in Historiography*, Prentice Hall, 1999, pp. 75–76.

们却很少为我们提供真正的历史。"①所以,他在写《近代政治思想的基础》的时候就有一个目标:"我所关切的第三点,是示范说明一种对待历史文本的研究和解释的特殊方式。我在过去12年所发表的一系列文章中已经论述过这种方式……相比之下,我却尽量不去专门研究主要的理论家,而是集中探讨产生他们作品的比较一般的社会和知识源泉……因此,我要不揣冒昧地说,我的上述探讨方法的一个优点是:倘若处理得法,可以开始为我们提供一部具有真正历史性质的政治理论史。"②

斯金纳的这种观点引起了广大的关注,并深深地影响着他的学生。斯金纳的弟子詹姆斯·塔利也认同他的观点:史学家要了解某一言行在多大程度上是原创或仅仅是俗套,那种脱离语境孤立的考察文本是做不到的,要达到目的就必须了解当时的常规或常态,就不仅要考察思想史上的大人物,还必须考察大量名不见经传的市井群众③。

对于传统的思想史研究者及其研究方法,波考克有一段精彩的论述,在此不得不援引一下:"对非历史的研究者来说,他所关注的并非著作家在遥远的过去所作陈述的意涵,而是自己在当下使其能够具有的意涵:他完全是自说自话,至于是否与原作者的意思相符,他并不关心。无论就原作者与阐述者具有怎样的形式上的共同特性,还是基于历史连续性的考虑,都可能表明,两者的确在某种程度上耦合,生者与死者之间实现有效沟通也是可能

---

① 〔英〕昆廷·斯金纳:《近代政治思想的基础》,奚瑞森、亚方译,商务印书馆,2002,第4页。
② 〔英〕昆廷·斯金纳:《近代政治思想的基础》,奚瑞森、亚方译,商务印书馆,2002,第3~5页。
③ James Tully, *Meaning and Context: Quentin Skinner and His Critics*, Princeton University Press, 1988.

的。可以说，除非实现这类沟通，否则即便为了达到自己的目的，阐释者也无法运用原作者的语汇。然而，只有历史学家，或者更准确点说，目前从事历史研究的人，才对原作者的措辞与现代阐释者的用词之间究竟存在着何种程度的联系这样的问题感兴趣。从这一点来看，他必然会发现原作者与阐释者之间的沟通就如同彼得拉克所想象的他自己与西塞罗或李维之间的沟通。'从你所生活的时代到我所生活的时代'，肯定需要某种程度的翻译，最终需要作为背叛者的译者……他会在哲学家或政治理论家的耳畔窃窃私语，说：'霍布斯说那些话时的意思并非那样，至少不完全那样；不过你如果觉得有用，那样认为也无妨。但不要在你的思想前冠以霍布斯作出过这样的表述，更不用那种虚假的现在时态霍布斯说。'也就是说，假如我们在特定条件下重复霍布斯的话，其结果更多的是你自己的意思。"[1]这段话虽然出自波考克之口，却对斯金纳的历史语境主义作了一个很好的诠释，是斯金纳历史语境主义的绝佳注解。

斯金纳本人也曾在《政治的视界》中指出："我将捍卫着我对阅读和解释历史文本的一个特定观点。我认为，如果我们希望以合适的历史方法来写历史观念史的话，我们需要将我们所要研究的文本放在一种思想的语境和话语的框架中，以便于我们识别那些文本的作者在写作这些文本时想做什么，用较为流行的话说，我强调文本的言语行为并将之放在语境中来考察。我的意图当然不是去完成考察已经逝去久远的思想家的思想这样一个不可能完成的任务，我只是运用历史研究最为通常的技术去抓住概念，追溯他们的差异，恢复他们的理念，以及尽可能地以思想家自己的

---

[1] 丁耘主编《什么是思想史》，上海世纪出版集团、上海人民出版社，2006，第67-68页。

方式来理解他们。"①由此可见,"历史语境主义"不但注重回归到当时的历史,而且试图在进行研究的时候复原研究对象当时的语言文化背景。

斯金纳认为,在语境方法下对思想史进行考察,可以更为准确地复原其在历史上的思想历程,不为后人凭主观臆测作出的解释所迷惑,剥离历史种种的谬误,还其一个本来的真实内涵。

(四)历史语境主义研究方法的主要特点

从方法论的角度看,历史语境主义的特点主要体现为两个方面。

1. 置身其境地理解文本

国内关于昆廷·斯金纳的"语境主义"的介绍文献普遍认为,"语境主义"对应的英文是"Contextualism",是在激烈批判传统思想史研究中的"文本中心主义"(Textualism)基础上提出的新的文本阅读范式,并将这两种范式并列为西方政治思想史研究领域的两大阵营。然而,如前文所述,"语境主义"并非斯金纳的发明;柯林武德已经在强调命题与问题之间的对应关系;拉斯莱特已经使用"语境主义"的方法来研究洛克。那么,斯金纳与他们之间的区别何在?这提醒我们关注斯金纳的第三个思想来源——来自维特根斯坦、奥斯汀、雪梨(Searle)等人的语言哲学。这些思想视语言为行动的一部分,认为言说者在表达的同时总是试图做些什么并总是带来一定的行为后果。同时,语言限制行为的界限。人们采取特定行为时总是要依赖语言赋予其合法性。修辞固然是行为合法化的途径,但修辞所能起到的作用是有限的。最后,语言与权力息息相关。语言的作用不仅仅是传递信息,更是宣布

---

① Quentin Skinner, *Visions of Politics*: *Regarding Method*, Vols. 1 - 3, Cambridge University Press, 2002.

言说者的权威,唤起聆听者的感情,划分"我者"和"他者"的界限——语言是社会控制的手段之一[①]。

建立在语言哲学的基础之上,斯金纳的语境主义就不再仅仅是拉斯莱特等人的"社会背景主义"(Social Context Reading),而是同时强调文本的社会背景和语言、意识形态背景的"语境阅读"(Linguistical Context Reading)或"意识形态背景阅读"(Ideological Context Reading)。它既是对于"文本中心主义"的批判,也是对于"语境主义"(它应当被更恰当地翻译为"社会背景主义")的修正。斯金纳自己曾说,他的方法论的核心是历史主义(Historicalism)和置身其境主义(Intertextualism)[②]。"置身其境主义"与"社会背景主义"的区别在于,后者是为了理解文本而关注文本产生的社会背景,而前者却要求阅读者力图回到著作者置身其中的世界,复原著作者所处的社会和语言、信仰背景,以便尽可能感同身受地以思想家自己的方式来理解他们。

从这种意义上说,"社会背景主义"的阅读与文本主义的阅读一样,仍然意味着今人对于古人、我者对于他者的主观理解;"置身其境主义"却要求以古人的方式理解古人,以他者的方式理解他者。置身其境是为了历史再现,对斯金纳来说,这两者之间的关系是构成性的。因此,理解了斯金纳的"置身其境主义",也就理解了他的历史主义。如前所述,斯金纳对于之前的"社会背景主义者"的修正,主要体现在对语言和信仰背景的重视上。斯金纳说,表达依赖于我们眼下所拥有的概念。我们依赖这些概念对

[①] Quentin Skinner, *Visions of Politics: Regarding Method*, Vol. 1, Cambridge University Press, 2002, p. 5.
[②] Tully, *Meaning and Context: Quentin Skinner and His Critics*, Princeton University Press, 1988, p. 232.

事物进行分类，并对其赋予赞同或反对的感情。然而，概念总是有限的，不可能与丰富的现实世界取得一一对应的关系，因此语言不可能精确地重现过去的世界。语言的不精确性必定会带来不同的语言之间的误读。由于语言的差异，两个使用不同语言体系的主体在经历同样的事件时，可能得出完全不同的陈述。比如，古罗马的语言中只有一个词"imber"可以被用来形容下雨，尤其是描绘倾盆大雨或阵雨。我们想象一下，如果一个古罗马人与一个现代的英国人相遇，他们遇到了一场雨，古罗马人会描述说这是"imber"，而英国人也许会因此大惑不解，因为他觉得这只是一场"毛毛细雨"（drizzle）[1]。

那么，如果所有文本都不可能是事实原貌的精确再现的话，历史地解读文本，是否就成了一个可望而不可即的梦想？斯金纳说，在意识到语言的含糊性后，历史学家就有可能小心翼翼地通过前后文、通过历史情况来推测含糊的概念在特定文本中代表的特定意旨，从而逼近历史的真相。斯金纳举例说，在塔西佗（Tacitus）的文本中，曾经提到一场冬天的"imber"妨碍了一支军队的视听。根据上下文的关联，一个耐心而训练有素的历史学家可以发现，"imber"在此指代的那场雨应当是雾气氤氲、烟雨迷离的[2]。

在这样的理解过程中，如果阅读者能自觉地进入著作者所置身其中的语言环境，自然可以更为准确地把握著作者的意图。对此我们可以举个更为简单的例子：一位只掌握了现代汉语的读者，在阅读《论语》原本的时候会对这个著作产生诸多误读；但是一

---

[1] Tully, *Meaning and Context: Quentin Skinner and His Critics*, Princeton University Press, 1988, p. 250.

[2] Tully, *Meaning and Context: Quentin Skinner and His Critics*, Princeton University Press, 1988, p. 251.

位专门研究过古代汉语的专家,自然能更准确地理解《论语》的意涵。对阅读者来说,同一种语言在不同发展阶段尚且可能造成诸多理解的障碍,那么在不同语言之间的障碍就可想而知了。作为文本阐释者的历史学家,在阅读和阐释的过程中必须慎之又慎地剥离自身的语言习惯,用著作者的语言习惯去阅读。同理,我们只有自觉地进入著作者置身其中的信仰背景,才可能理解著作者为什么如此言说。如果不理解著作者的信仰背景,我们就很有可能自以为是地把著作者的一些观念视为非理性的。比如,布丹关于女巫与魔鬼结盟的说法很容易被现代人看成荒诞无稽的;但是,如果我们了解在法国的那个时代,人们普遍坚定地相信女巫的存在,女巫与魔鬼结盟的信念便很容易得到认同。借助著作者的信仰背景以理解文本的方法,并非斯金纳独倡。但是,之前的思想史家往往先入为主地判定哪些信仰是理性的,哪些信仰是非理性的;或者试图寻找一个社会的核心信仰,再以这个核心信仰为标准评判其他的信仰。

斯金纳认为,这些方法的错误在于没有认识到一个社会的各种信念并非相互独立或单向相关的,而是网状相关的。一个人是否相信一个命题依赖于他相信的其他命题。"置身其境主义"要求,无论文本中包含的命题表面上看起来是如何怪诞,阅读者都要坚信著作者写下这些命题时是理性的,且在早先的历史年代,他们有充分的理由执有这些信念。那些我们看起来明显与理性相冲突的信念,恰恰是有待挖掘其背景信念的地方。因为对行动、语言、信仰背景相互交织关系的探索,斯金纳的方法论显得千头万绪、细密复杂。同时,因为相信经典文本往往只是一小部分精英的认识,并非当时社会精神面貌的代表,斯金纳的方法要求扬弃对经典文本的关注,尽量不去专门研究主要的理论家,而要考察同时期的大批文本，以"探讨产生他们（经典理论家）作品的比较一般的社会和知识源泉"，写作"意识形态史而不是以经典著作为中心的历史"①。斯金纳将这种方法运用于他的思想史著作，便显现出一种对历史文本穷搜苦罗的态度，通篇所见是无法让人记住姓名的著作者及其著作的名称。那么，是否如他的英国学术界同仁塔尔顿所批评的那样，斯金纳只是一个"最乏味的古代文物收藏家"，热衷于翻拣历史上被人遗忘的材料呢？也就是说，斯金纳对那些湮没无闻的文本的挖掘，意图何在呢？

2. 把政治思想史研究的中心从经典文本转移到语境，解读文本是以语境为中心而不是以文本为中心

观念史研究以经典文本为中心，注重思想的连续性，认为经典文本为我们提供了超越时空的永恒智慧。对此，斯金纳认为，经典文本并不存在脱离语境的无时间限制的绝对真理。因此，研究政治思想必须从产生经典文本的社会和知识背景入手，将经典文本放在其所处的语境中来研究。斯金纳明确指出："我认为，如果我们希望以合适的历史方法来写历史观念史的话，我们需要将我们所要研究的文本放在一种思想的语境和话语的框架中，以便于我们识别那些文本的作者在写作这些文本时想做什么，用较为流行的话说，我强调文本的言语行为并将之放在语境中来考察。我的意图当然不是去完成考察已经逝去久远的思想家的思想这样一个不可能完成的任务，我只是运用历史研究最为通常的技术去抓住概念，追溯他们的差异，恢复他们的信仰，以及尽可能地以

---

① 〔英〕昆廷·斯金纳：《近代政治思想的基础》，奚瑞森、亚方译，商务印书馆，2002，第3页。

思想家自己的方式来理解他们。"①

具体而言，斯金纳要求人们不是去专门研究经典文本的作者，而是集中探讨经典文本，将经典文本视为对特定政治话语的贡献，把我们所要研究的文本还原到其当初赖以形成的具体的文化语境当中，主要关注文本作者所处时代的一般性话语，集中研究福柯所说的话语机制，进行一种纯粹的言说考古学。这样，研究重点就放在分析经典文本所处时代的政治语言上，把文本视为在更宽广的政治话语中的基本内容。如果我们把握了作者言说的意涵和言说发表时的论争语境，那我们也就理解了言说，从而达到了对经典文本的历史性理解。

3. 为了复原特定的语境，需要进行广泛而深入的历史研究

柯林伍德认为："政治理论的历史并不是将不同的答案给予同一个问题的历史，而是一个问题本身变动不居、答案随同问题一同变化的历史。"②斯金纳非常赞同柯林伍德的这一观点，认为在文本解释中不能单纯强调哲学维度，还必须重视文本解释的历史维度："历史学家理解舆论环境的任务不应该和哲学家解读文本的努力割裂开来。历史学家还须指出：即便是在哲学家看来最可靠的解释，也必须根据历史的证据来检验，甚至可能被抛弃。"③

历史成为文本解读中的重要实例，是理解思想的启发式条件和评价解释的规范性标准。在政治理论的规范化论证中，历史维度有其独特的作用，历史可作为论证的主要论据。"假如政治理论研究要成为恰

---

① Quentin Skinner, *Visions of Politics: Regarding Method*, Vol. 1, Cambridge University Press, 2002, p. 8.
② 〔芬兰〕凯瑞·帕罗内：《昆廷·斯金纳思想研究》，李宏图、胡传胜译，华东师范大学出版社，2005，第17页。
③ 〔芬兰〕凯瑞·帕罗内：《昆廷·斯金纳思想研究》，李宏图、胡传胜译，华东师范大学出版社，2005，第20页。

当的历史研究,就必须把政治理论解释为社会活动,这些活动是在特定的时代、多种相互关联的抽象层次上进行的——增加一个历史的维度就是增加任何评价经典文本的相关资料。"[①]这样,斯金纳就充分地肯定了历史方法对研究政治思想的重要价值,认为对文本的历史化的解读可以突出文本中那些典籍化的或哲学化的解读所忽视的方面。

(五)历史语境主义研究方法的贡献

现在,以斯金纳为代表的"剑桥学派"被视为英语世界中政治思想史研究的主流。斯金纳的历史语境主义方法对政治思想史的研究作出了积极的贡献。

(1)斯金纳运用语言行动的视角来解读文本和理解政治,拓宽了政治思想史的研究视阈,实现了从思想应用于政治到思考思想作为政治的一种内容的研究视角的转换,被帕罗内称为斯金纳式的革命。斯金纳强调"思想即为行动","政治作为活动",把研究重心从政治思想的内容转移到政治的论辩,从关于政治的思想转移到从政治的角度来进行思考。政治思想不仅是指导政治行动的原则,而是成为政治的一种内容即政治行动本身。这种研究视角的转换突破了传统的政治思想史研究方法,为政治思想史的研究开辟了一个新的方向。

(2)斯金纳把思想作为政治的视角运用于政治概念的研究,使政治思想史的研究对象从观念史转移到概念史。观念史强调思想的连续性,而概念史则突出思想演进中的差异和断裂。概念史的研究注重的不是概念所具有的意义,而是概念的形成及其含义的演进和变化。通过集中考察在某一特定时段中概念的"突然转换",来追问为什么这些概念会在某些时候或被废弃,或成为主

---

① 〔芬兰〕凯瑞·帕罗内:《昆廷·斯金纳思想研究》,李宏图、胡传胜译,华东师范大学出版社,2005,第19页。

导,起到控制人们观念的作用;追问运用这些概念能做什么以及概念之间的相互关系、概念和更宽广的信仰体系之间的关系。对概念史的研究有助于我们理解政治思想观念演进的断裂性,从而更好地理解思想观念的历史性。

(3) 斯金纳再次复兴了文艺复兴时期的修辞文化。他将修辞性的再描述转变成为一种解释概念变化的具有启发性的历史分析工具,为政治思想史的研究开辟了一个新的维度。之所以要关注修辞,是因为任何一个社会都需要通过修辞的运用使某种受到质疑的社会行动合法化。因此,任何修辞都与那个时期的政治和政治行动紧密相连。斯金纳将修辞和概念的变化与政治行动结合起来研究,探讨修辞在概念的变化和政治行动中所扮演的角色以及所起到的作用。对思想史的修辞考察,有助于准确地理解政治概念、原则的不断演进。简而言之,斯金纳寻找的是一种在文本解释中历史维度和哲学维度之间没有分野、历史与哲学相互作用的研究取向。政治思想史研究中强调历史语境取向的价值就在于它给我们展示了各种可行的道德预设和政治信念的多样性和可能性,帮助我们与我们自己的预设和信仰体系保持一定的距离,在评价相互对立的思想体系时可望实现某种程度的客观性,对思想的多元成分有更深的理解,给予更多的宽容。通过对各种可能性的反思,使我们能以批判的眼光看待我们自己的信仰,防止我们现有的道德和政治理论轻易地堕落为不加任何批判的现成的意识形态,使我们不会盲目地轻信某种占据主导地位的观念,从而帮助我们从某些观念的主导性解释的控制下解放出来,并对它们进行重新理解。正因为如此,政治思想史的研究才显示出了其独特的价值和意义[①]。

---

① 李见顺:《历史语境主义:昆廷·斯金纳政治思想史研究初探》,《船山学刊》2009年第1期。

第四节 以概念史替代思想史

一 "思想"与"观念"

"Ideas of History",我们翻译过来叫"思想史",也有人把它翻译成"观念史"。一般来说,我们在很多场合下使用这两个概念指的是同一个意思。严格来说,思想史与观念史还是有区别的,是指"思想"这样的观念性内容,是一种超越实践层面的精神上的力量。思想史家认为,观念的创造导致现实的变化,因而观念的力量更具有超出物质的力量,观念的力量可以成为比物质的力量更具有决定性意义的变化动力[1]。观念指的是人们的观念、思想的内在世界,但观念也可以指少数精英的思想或普通人的思想。在这一意义上,观念史介于哲学史与文化史之间,它比哲学史更宽,但没有大众文化宽泛。观念史并不仅仅研究少数精英的思想,这些内容通常是哲学史研究的范围,而文化史通常要研究大众的行为、习惯、信仰和所有人的观念。至于思想史,它是观念史中的内容。观念史关注于思想史的内容,因为思想史体现和代表了对在社会中广为传播的某些观念和信仰进行的加工和提炼及其表达[2]。普林斯顿大学历史学家罗伯特·达恩则认为,思想史包括"历史观念史"、思想史本身、社会观念和文化史,并认为这四个方面从高到低依次递进[3]。

---

[1] 〔英〕昆廷·斯金纳:《自由主义之前的自由》,李宏图译,上海三联书店,2003,第113页。

[2] 〔英〕昆廷·斯金纳:《自由主义之前的自由》,李宏图译,上海三联书店,2003,第116~117页。

[3] 〔英〕昆廷·斯金纳:《自由主义之前的自由》,李宏图译,上海三联书店,2003,第117页。

二 从"观念史"到"概念史"

在20世纪30年代,以阿瑟·洛维乔易(Arthur Lovejoy)为代表的一些学者提出并开始了观念史研究,他因此被称为"历史观念史的主要创始人"。他的研究不是像以往那样只是简单地追踪思想体系的哲学史研究,而是聚焦于"观念的单元"。所谓"观念的单元"意指西方思想传统中那些基本的和经久不变的观念[①]。同时,他重点关注那些经典思想家的经典著作,把他们的著作视为政治思想史研究的唯一材料[②]。于是,其后的一些追随者一谈到思想史的研究,就觉得必然是对经典作家经典文本的解读。正如昆廷·斯金纳所指出的那样,一些主要的经典文本被广泛地视为政治思想史唯一的研究对象。把思想史的研究对象局限于伟大的经典文本,集中于"观念的单元",这样的研究观点和方法,斯金纳认为是不负责任和非历史的,完全抹杀了思想史演进过程中的变化和其他因素。

当思想史的研究从基本的内容转向思想的论辩时,斯金纳觉得应该将思想史演进过程中的"概念"当成独立的实体来进行考察。"概念有自己的历史,或者更进一步说,我们所用来表达概念的名词包含着历史,即指这些名词的出现和废弃,以及在某种场合它们的最终消失。"[③]斯金纳认为,概念的意义并不是约定俗成的,而是经历了一个变化的过程。同样一个词,在今天的意义和

---

① 〔英〕昆廷·斯金纳:《自由主义之前的自由》,李宏图译,上海三联书店,2003,第118页。
② Preston King, *The History of Ideas: An Introduction to Method*, Groom Helm, 1983, p.8.
③ Quentin Skinner, *Visions of Politics: Regarding Method*, Vol.1, Cambridge University Press, 2002, p.180.

在中世纪的、远古的意义肯定会有所不同，所以，研究这些概念的不同就可以窥斑见豹，可以了解历史的一些真实面相。相对于"观念"，"概念"显得更具体而微，我们可以把"概念"视为比"观念"更小的一个单元。如果把"观念"视为一种思想的话，那么"概念"就是一个个独立的单词。

相对于观念史研究，概念史更加突出了概念的作用，通过对概念演变的历史研究，能更好地把握政治思想的变迁。早在20世纪60年代，斯金纳就指出："作为我们研究与理解的对象，光有文本本身是不够的。"[1]概念往往是一定社会历史条件下政治活动的基础，所有的政治活动都是围绕概念来展开的。"一个社会确实拥有一种新观念的最可靠标志，是一套新语汇的发展，运用这套语汇，可以公开地阐明和讨论这种观念。"[2]

在斯金纳眼里，概念、语言本身是有价值的，它们是实现政治权力目标的工具，甚至内在地构成权力的份额，它可以为政治斗争提供政治资源，提供合法化资源，所以，所有的政治语言并不仅仅完全是"语言"，所有语言都具有政治潜力，既形成权力的新的份额，也改变现存权力份额的分配[3]。在这里，斯金纳关注的是概念、语言所起到的合法化作用，他认为各种政治词语都具有使事物合法化的潜力[4]。不能仅仅把概念当成独立的整体，而是要从语言行动的理论政治学的角度来分析它们。

---

[1] Quentin Skinner, *Visions of Politics*: *Regarding Method*, Vol. 1, Cambridge University Press, 2002, pp. 57 – 89.
[2] 〔英〕昆廷·斯金纳：《现代政治思想的基础》，段胜武等译，商务印书馆，1989，第629页。
[3] 〔芬兰〕凯瑞·帕罗内：《昆廷·斯金纳思想研究》，李宏图、胡传胜译，华东师范大学出版社，2005，第57页。
[4] 〔芬兰〕凯瑞·帕罗内：《昆廷·斯金纳思想研究》，李宏图、胡传胜译，华东师范大学出版社，2005，第78页。

也许可以这样来解释这一点:以《近代政治思想的基础》一书为起点,我们可以察觉斯金纳历史研究的类型发生了一种变化。他早期关于霍布斯和其他思想家的著作虽然仍属于思想史的范围,但至少在一定程度上以概念史取代了思想史。他没有把各种概念视为独立的实体,而是从语言行动的理论政治学的角度来分析它们。然而,与20世纪60年代和70年代早期的著述相比,在《近代政治思想的基础》一书中,斯金纳已经在政治思想的研究中赋予概念十分重要的意义。这种转变在他以后的著作中就更为突出[1]。当然,对于思想史,其实斯金纳也并不完全排除文本的作用。

斯金纳的研究路径是:思考政治理论不应该只是去研究公认的经典文本,还应在更宽广的范围探究每个社会都在谈论的不断变化的政治语言。只有置身于这种大背景下,或不同的语境中,才能更好地理解这些思想。因此,反思传统的政治思想史研究,其明显的缺陷就是其研究方法是非历史性的[2]。波考克对此作了很好的概括:"首先,思想家变成了一个个孤立的个体,被从他们所属的具体社会中分离出来,好像他们身处一切时代,在对一切时代的人发议论;他们的作品也被认为是其特殊性的体现。再者,传统历史学家往往以哲学的方法去分析政治作品,把它们放在一种作者与过去的读者都可能未曾达到的抽象层次上去研究,强加给它们一种它们实际上并未获得过的逻辑连贯性。这样做,从哲学的角度看是无可非议的,但从历史的角度看很成问题。因为当历史学家以这种方式去研究政治作品时,他所关心的与其说是作

---

[1] 〔芬兰〕凯瑞·帕罗内:《昆廷·斯金纳思想研究》,李宏图、胡传胜译,华东师范大学出版社,2005,第88页。
[2] 〔英〕昆廷·斯金纳:《自由主义之前的自由》,李宏图译,上海三联书店,2003,第120页。

者在过去曾经经历过的,不如说是他自己在现在所能找到的东西。他因为热衷于找出作品中最大的理论连贯性,往往添加给作者一些明确的意图,或把作者说成在做一些在其历史条件下不可能做的事。此外,把所有作品都当成政治哲学来对待,就是忽视这样一个事实:政治思想实际上可以在许多层次发生(从实际鼓励到哲学思辨)。也就是说,政治讨论可以是哲学性的,也可以是雄辩性的。技术历史学家要加以哲学式分析的作品恰好是高度哲理性的,也不能因此就认为他的做法是历史性的。因为他提出的问题(更不用说解答)不是真正历史的问题,诸如这一作品如何在历史中产生,如何置身于历史;或作者为什么要写它,以及为什么以这种方式去写它,等等。"[1]斯金纳指出,如果我们作为政治思想的研究者继续把我们的主要注意力放在那些以他们的任何同时代人都难以匹敌的那种抽象知识水平来讨论政治生活问题的人身上,我们不太可能希望实现这种对历史的理解。因此,"我们对传统的拘泥书本的方法感到不满意的一点是:虽然这种方法的倡导者往往自称是撰写政治理论史的,但他们却很少能为我们提供真正的历史"[2]。

为此,斯金纳创造出了一种自己的方式去研究思想史,具体而言就是"不去专门研究主要的理论家,即经典作家,而是集中探讨产生他们作品的比较一般的社会和知识源泉"[3]。简而言之,就是集中精力探讨这个时代的语汇。"说明一个社会开始自觉地掌握一种新概念的最明确迹象是:一套新的词汇开始出现,然后据

---

[1] 张执中:《从哲学方法到历史方法》,《世界历史》1990年第6期。
[2] 〔英〕昆廷·斯金纳:《近代政治思想的基础》,奚瑞森、亚方译,商务印书馆,2002,第4页。
[3] 〔英〕昆廷·斯金纳:《近代政治思想的基础》,奚瑞森、亚方译,商务印书馆,2002,第3页。

此表现和议论这一概念。""了解一个时代的政治语言……就等于把握了在该时代人们理解特定政治言论的方式方法。""从历史角度来看,政治语言是该特定时代(一个时代可持续两年到一千年不等)内人们用以表达对政治生活看法的语言。"所以,历史学家的任务不是去研究经典文本,而是去分析这种"语言,而不是运用这种语言的个人"。于是,在这里,"思想的历史便让位于语言、语汇、范式等思想单位的历史。剖析某个特定的思想家,可从构成其时代的特殊语言体系入手,进而发现他的真实的言论、动机和表述的结果"①。

斯金纳找到了在历史语境之下进行思想史研究的新路径。这就是斯金纳不再笼统地使用"思想史"或者"观念史"这样宏大的方式来进行论述,而是下降到更为具体的单位。这个具体的单位既是思想观念的核心和内涵,也是研究思想观念的重要载体,斯金纳将这样的具体单位定格为"概念"。斯金纳说:"研究不断变化着的概念作为历史研究的一种独特的形式,如果我们希望去写作这一类型历史的话,我们就必须特别关注于我们用来描写和评价如霍布斯所说的我们的人工世界,即政治和道德世界的概念。"②这样,"概念史"研究的提出不仅表明"思想史"或者"观念史"研究的具体化,而且意味着思想史研究对象的实质性转换。思想史研究从"观念的单元"向"概念的单元"转换,从"文本"向"语言"转换,"概念史"逐渐替代了"观念史"。斯金纳开创了政治思想史研究的新方向和新范式,奠定了政治思想史研

---

① 满云龙:《思想——共和修正派与美国思想史学》,载黄安年主编《美国史研究与学术创新》,中国法制出版社,2003,第110~111页。

② Quentin Skinner, *Visions of Politics*: *Regarding Method*, Vol.1, Cambridge University Press, 2002, p.175.

究的新"基础"。与"观念的单元"的普遍性和反历史性相比,"概念史"则更为突出了思想演进中的断裂性和历史性,因而能更真实地反映思想的演进和发展。

本章首先主要介绍了斯金纳的生活背景和学术背景,根据目前有关的文献,对斯金纳的思想来源进行了大致的阐述,然后就斯金纳的方法论作了比较具体的阐述。

斯金纳的历史语境主义研究方法,被称为政治思想史研究的"斯金纳革命",其理论创新可以从两个方面来看:一是研究对象的确定与众不同——对"概念"的关注与研究。在《近代政治思想的基础》一书中,斯金纳已经开创了这一思想史研究的新路径,着重研究近代"国家"概念的形成。后来,他继续沿着这一思路进行研究,发表了《自由主义之前的自由》,着重考察了17世纪英国革命期间新罗马理论家对"自由"概念的理解。2003年,斯金纳在《国家与公民自由》一文中又运用这种方法进一步考察了"自由"概念的变化。二是研究方法论的创新——历史语境主义。他提出要回复到一定的历史背景去挖掘文本的意义,否则就会陷入臆想、带来误导。斯金纳认为,现在关于政治思想的研究已经陷入误区,难以带来研究的突破,所以他提出要进行方法论的改革,并用它来重新阐述共和主义思想。正是因为斯金纳在研究方法上的创新,所以他才能在共和主义公民理论、国家理论、自由理论等方面有所创新、有所建树,才能给当代共和主义以生机与活力,他也才能成为当代共和主义的典范人物。完全可以这么说,没有这些方法论的创新,就没有斯金纳的共和主义思想的构建。

第三章

斯金纳的公民理论

"公民"一词是当代政治哲学中出现频率最高的词语之一。"公民"首先是一种法律概念,意味着与"臣民"不同。"公民"是有着政治、法律权利的人,他们在法律面前一律平等,不依附于任何人,如果存在依附那就不是合格意义上的公民,而"臣民"指的是在人身、经济、政治上依附于他人从而无法独立、无法和他人平等,必须受到他人约束或影响的人。

公民理论是共和主义理论的重要内容,共和主义可以说是从公民身份开始的。起源于城邦制度的共和主义实行的是全民参与式的政治制度,当然,不是城邦里的所有人都能参与,而必须是具备公民资格的人才能参与。本章主要论述斯金纳的公民理论,并把斯金纳的公民理论放在一个共和主义的相关理论中去对比分析。所以,本章首先对共和主义的公民理论作了一个系统的介绍,然后在比较中阐述了斯金纳的理论。

第一节　当代公民理论的复兴

公民理论就是围绕公民这个概念展开的一系列理论，主要包括公民身份理论（或称公民资格理论）、公民参与理论、公民德性理论、公民素质理论等。其中，公民资格理论和公民德性理论是当代公民理论当中争议最多、关注最甚的内容。按照英国公民理论家希特的说法，公民身份又包括以下一些基本要素：公民地位、公民美德、公民认同。公民地位是指公民身份的法律要素。它是一个政治共同体中全体成员所平等拥有的权利和承担的责任。公民权利是公民地位中最突出的要素，包括法律权利、政治权利、社会经济权利、文化教育权利、环境权利等。公民美德是公民身份的行动要素，希特认为主要包括两个方面的内容：一个涉及公民义务，美德就是主动承担公共义务的意愿；另一个涉及共同善或者说公共利益。美德就是将公共利益置于私人利益之上的意愿；公民认同是公民身份的心理要素，是个人赋予共同体成员身份的一种情感。

一　当代公民理论复兴的语境

事实上，20世纪70年代，公民理论在政治理论界就已经退出了主流话语圈，显得有些过时了，但自90年代以来，政治理论家对公民理论的兴趣似乎又与日俱增，"公民"又成为持各种政治立场的政治思想家中流行的专业术语，成为时代的强音。

公民理论为什么会重新引起人们的关注？首先，这应该是最近几十年来世界范围内政治变迁的一种必然要求，例如美国人对投票选举的日益冷漠和对社会福利的长期依赖，各国民族主义的抬头尤其是东欧极端民族主义运动的复苏，西欧的文化和人种日益多元化所致的紧张状态，撒切尔时代的英国对福利国家制度的反弹，依赖于公民自愿合作的环境政策的失败，等等。这些事件都表明，健全和稳定的现代民主不仅仅依赖于其"基本结构"的正义，而且依赖于其公民的品性与态度，如公民的身份认同感；他们如何看待各种可能互相抵触的民族的、地域的、种族的或宗教的身份认同形式；他们对异己人群的宽容能力以及与之合作的能力；他们为了促进公共利益以及促使政治权威负责而参与政治过程的愿望；在经济需要和在影响自身健康与环境的个人选择中，他们表现自我节制与担负个人责任的愿望。如果没有具备这些品质的公民，民主制就难以统治人们，甚至是不稳定的。正如哈贝马斯所说："宪政自由制度的价值在于人们对制度的运用。"[①]

正是因为处在这样的国际环境，处于公民理论面临许多危机的语境之下，所以，对关于公民身份与行为（包括他们的责任、忠诚和作用）的公民理论的呼唤之声日益高涨就不足为奇了。

对第二次世界大战后这种作为权利的公民身份概念最具影响力的解释出现在 T. H. 马歇尔写于 1949 年的《公民身份与社会阶层》当中。在马歇尔看来，公民身份问题从本质上讲在于如何保证每个人被作为完整而平等的社会成员来对待。要保证这种意义上的成员资格，就必须不断增加公民权利。马歇尔把公民权利分为三种，他认为在英国这三种权利是在三个连续的世纪相继实现的：市民权利，出现于 18 世纪；政治权利，出现于 19 世纪；社会权利，如接受公共教育的权利，享受卫生保健、失业保险和养老抚恤的权利等，这些权利是在 20 世纪才确立起来的。他注意到，

---

① J. Habermas, *Citizenship and National Identity: Some Reflections on the Future of Europe*, Vol. 12, Praxis International, 1992, p. 7.

随着公民权利的扩大，享有权利的公民阶层也随之增加。被限制于拥有财产的、信仰新教的白色人种的市民权利和政治权利逐渐向妇女、工人阶级、犹太人、天主教徒、黑人和其他以前被排除在外的群体延伸①。

在马歇尔看来，只有在自由民主的福利国家中，公民身份才能得到最完整的体现。福利国家通过保障所有公民的市民权利、政治权利和社会权利，从而使每一社会成员感到自己十足的是社会的成员，并能够参加和享受社会的共同生活。一旦这些权利中的任何一种被限制或侵犯，人民都将被边缘化并且不再能参加共同生活。

这通常被称为"消极的公民权"或"私性的公民权"，因为它强调消极的资格，而缺乏任何参与公共生活的义务。它仍然得到广泛的支持，而且有很好的理由：私性公民权的好处是不可轻视的，它赋予几乎所有人某些基本的人类利益（安全、富足与自由），这对人类来说无异于一种巨大的收获。然而，第二次世界大战后这种正统的公民权观念在过去十年受到了越来越多的批评，这些批评大致可以从以下两个方面来理解：第一种批评认为，有必要以责任与德性来补充或代替对公民权的消极接受，这包括经济自立、政治参与，甚至文明的品质。第二种批评认为，有必要修改当前的公民身份定义以适应现代社会中日益增长的社会与文化多元主义。公民身份能否为社会成员提供共同的经验、身份与忠诚？它是否足够简单以至于能在平等的基础上把那些历史上被排除在外的群体也包括进去？或者为此有时候还需要一些特殊政策。

---

① 〔加〕威尔·金里卡：《当代政治哲学》，刘莘译，上海三联书店，2004，第 585~600 页。

二 当代公民理论探索的两种误导性倾向

公民理论的复苏在某种程度上得益于那些政治思想家以及史学家的不断论辩和考证。在这种探索中产生了许多种各执己见的观点，它们或对或错，或左或右，大概都难以大而全面。总的看来，至少存在两种普遍性危险。

首先，公民理论的范围可能是无限的。在政治哲学中，几乎所有的问题都涉及公民之间的关系或公民与国家之间的关系。正如前文所指出的那样，公民理论是一个非常大的理论，对它的理论范畴无法给予确定的界定，所以在论及公民理论的时候，应该集中阐述其中的一个或几个重要的部分。笔者对公民理论的阐述将遵循这个规则，通过集中讨论两个普遍性问题来避免这一危险，即公民德性与公民身份。由于近来政治哲学过分强调结构与制度，这两个问题已经为人所忽视。

公民理论的第二种危险在于，在相关讨论中有时将两个不同的概念混为一谈了："以法律地位来界定的公民观"，即在特定政治共同体中完整的成员资格；"以合意行为来界定的公民观"，在此，公民属性的范围与质量是指公民在特定政治共同体中的参与作用。

大多数学者认为，一种适当的公民理论应该更多地强调责任与德性。然而，很少有论者会提议，我们应该以剥夺消极人群的公民资格这类方式来修正那种以法律地位界定公民的理论。相反，这些论者一般关注的是做一个"好公民"的条件。好公民的理论应当相对独立于在法律意义上询问"作为一个公民意味着什么"；正如一种关于好人的理论，应当不同于在形而上学（或法律）意义上探讨"作为一个人意味着什么"。尽管多数学者在阐发他们的理论时都注意到这种区分,但在批评别人的公民理论时,例如用自己的以行为界定公民的"丰厚"概念对照论敌的以地位界定公民的"单薄"概念时,忽视这种区分的倾向却相当广泛。

第二节 公民身份

共和主义的公民身份理论起源于古希腊,虽然在古典共和主义者眼里何谓公民仍是一个难以统一的概念,但从历史上考究还是依稀可辨的。在古希腊的所有哲学家里面,亚里士多德无疑是公民哲学的最伟大的开拓者与阐述者,正是他奠定了古典公民理论的基础。亚里士多德认为,首先,只有具有理性地讨论公共利益能力的人才有可能成为公民。公民的本质不取决于他的身高、长相、住所,也不在于司法上的权利,没有登记年龄和已经超过年龄的人也不是全称的公民。"全称的公民是凡得参加司法事务和治权机构的人们"[①],即有权参加陪审法庭和公民大会的人们,因为这两个机构是城邦最高权力所寄托的地方,有权参加这两个机构才是真正的公民。这就是说,只有享受平等政治权利的人才算是公民,也只有这样的公民组成的政治共同体才叫城邦[②]。亚里士多德认为,城邦居民包括自由人和奴隶,奴隶肯定不能算是公民,但自由人也不全是,自由人又可分为外邦人和本邦人,只有本邦人才能算公民,但这里的公民不是全权公民,因为在本邦人(公民)中,还可分为:第一,妇女、儿童、老人(超过一定年龄

---

① 〔古希腊〕亚里士多德:《政治学》,颜一、秦典华译,中国人民大学出版社,2003,第111页。
② 参见丛日云《西方政治文化传统》,大连出版社,1996,第101页。

者);第二,全权公民(包括平民和贵族)。在亚里士多德那里,公民还需具备一定的美德。

斯金纳的公民身份理论继承了古典共和主义的基本思想,但着重点与共和主义的传统理论大不一样,主要体现在以下几个方面。

一 公民身份的条件

(1) 不依附任何人,独立自由。斯金纳指出,成为公民的前提是不依附他人。在他看来,一个人处于依附状态就是受到奴役或强制,无法参与公共生活,无法表达自己的真实意愿。只有处在一种"无须依赖他人"而行动的状态,他才能够摆脱其他社会成员强加给他的任何强制,才能按照自己的意志和判断来决策和行动,才成为"公民"。斯金纳认为,只有生活在无依附状态下,而不仅仅是无干涉状态,公民才能成其为公民,因为无干涉不足以保障公民的独立性,处于无干涉状态下的公民不一定是自由的,只有摆脱了依附状态,公民才能获得真正的自由和独立。

(2) 以公民权利为本位、以义务为途径的公民理论。公民理论是斯金纳共和主义思想的起点和终点。斯金纳在论述法律、国家、自由的时候,都是为了一个目的,即如何让公民更好地享受他们的自由和幸福。所以,在斯金纳那里,国家、法律、公民的参与等都只具有工具性的功能,最后还是要回到一个终点:公民的自由和幸福。所以,斯金纳的理论是公民本位的,公民理论是最终归宿点。

艾伦·帕特认为,斯金纳非常反对自由主义以权利为归依:"坚持把权利视为王牌,纯粹是宣告我们作为公民的堕落。它也包含一种非理性的自我破坏行为。我们宁愿认真地对待义务,也不愿意试图规避其高于社会生活最低要求的任何事物,我们必须设法尽可能地全心全意履行我们的公共义务。"[1]但是,事实上,斯金纳自己的理论也回归了公民的权利。根据德沃金的分类,由斯金纳重构的共和主义,并不是以义务为基础的理论,而是以权利为基础的理论或者说仍然是以自由为基础的理论[2]。在斯金纳那里,义务纯粹变成了"工具性的"[3]。

（3）公民品质。斯金纳有关公民的理论主要来自他对古典共和主义时期尤其是文艺复兴时期的历史考察,换句话说就是他的公民观主要来自古典共和主义时期的那些理论家的思想。什么才能算是共和国的公民？斯金纳援引昆提良的名言来表明自己的观点:"真正的公民,同时是真正富有智慧的,他不会致力于无益的争论,相反他会献身于国家的管理,而这些行动正是那些喜欢被称为哲学家的人唯恐离之不远的事情。"[4]

斯金纳认为,罗马修辞学家提出的有关公民的正面形象都集中于"好公民"或"积极公民"身上,这类人知道如何在法庭上伸张正义,知道如何在各种委员会和关于公共事务的集会上商讨问题,商讨的目的应该是推动有利的、可敬的政策的形成。"尽管那些学会闲暇的人的生活无疑更安逸、安全,对他人带来的负担或麻烦更少,但投身于公共事务和处理重大事务的那些人的生活

---

[1] 马德普等编《中西政治文化论丛》第4辑,天津人民出版社,2004,第193页。
[2] 马德普等编《中西政治文化论丛》第4辑,天津人民出版社,2004,第194页。
[3] 马德普等编《中西政治文化论丛》第4辑,天津人民出版社,2004,第194页。
[4] 〔英〕昆廷·斯金纳:《霍布斯哲学思想中的理性和修辞》,王加丰、郑崧译,华东师范大学出版社,2005,第72页。

对人类更有价值,更适合于使我们成为伟大的人并赢得名声。"①

斯金纳认为,共和主义主张积极公民,积极的公民在共和主义那里其实包括两个组成部分:公民美德和公共参与。首先是参与。在这一点上,斯金纳继承了传统的共和主义的经典理论,认为共和主义首先倡导一种商议式的政治,公民必须参与公共事务,这是公民之所以成为公民的首要条件。而且,在斯金纳看来,参与是共和国家成立的一个基础,没有公民的积极参与,共和国就不会存在。其次是公民品质。公民参与公共事务是共和政治的基础,但参与政治是需要一定条件的,比如空闲与政治素质,尤其是政治素质。列宁所说的"文盲是处在政治之外的"②指的就是这个意思。而在斯金纳看来,政治素质主要包括理性与修辞,理性可以辨别是非,修辞可以雄辩、可以获得大众的支持,两者不可或缺。缺乏理性的修辞只能是误导和狡辩,没有修辞的理性难以为广大公民所接受,难以获得更多的认同。所以,斯金纳说:"除了是一个能正确运用理性的聪明人之外,真正的男性公民必须是一个最雄辩的人,他能够纯粹利用他迷人的演讲魅力说服他的听众,使他们承认经他的理性而揭示出来的真理。"③

二 斯金纳公民身份理论的特点

虽然说斯金纳的公民身份理论继承了许多古代共和主义的相关理论,尤其是马基雅维里的公民理论,但是斯金纳通过吸收、转化赋予这种理论自己的特色。

---

① 〔英〕昆廷·斯金纳:《霍布斯哲学思想中的理性和修辞》,王加丰、郑崧译,华东师范大学出版社,2005,第73页。
② 《列宁专题文集——论社会主义》,人民出版社,2009,第268页。
③ Quentin Skinner, *Reason and Rhetoric in the Philosophy of Hobbes*, Cambridge: CUP, 1996, p. 83.

公民权利义务的统一。斯金纳认为,坚持以权利作为王牌,无疑是在认可我们作为公民的腐化,它还意味着一种非理性的自我毁灭形式。相反,我们必须认真对待我们的义务,不应该试图逃避任何超出社会生活最低限度要求之外的事务,我们必须力求尽可能全心全意地履行我们的公共责任。这才是确保我们行将放弃之自由的唯一途径,而政治的理性就在于承认这一点[1]。

目的性与工具性的统一。在斯金纳看来,公民身份本身具有两重性,一是它的目的性,公民身份代表着一种大众的认同,表明具有这种资格的人是有着平等的政治法律权利的,他们的合法权益受到国家的保护;二是它的工具性,公民只有积极参与公共事务,积极履行自己的义务,才能更好地维护自己的身份,除此之外,别无他路。在这个意义上也可以说,斯金纳的公民身份理论体现了目的性与工具性的辩证统一。

斯金纳的公民身份理论也被人认为是工具性的公民理论,因为在斯金纳看来"积极的公民身份之所以应该得到重视,并不必然就是因为其本身就是善的缘故,而是因为它有助于维持一个自由的社会……它把公民身份和公共服务看作善是因为它们有助于消极自由的实现"[2]。

第三节 公民美德

斯金纳认为,古典共和主义除了关注公民身份、均衡政体之

---

[1] 〔英〕斯金纳:《政治自由的悖论》,载应奇、刘训练编《第三种自由》,东方出版社,2006,第128页。
[2] 马德普等编《中西政治文化论丛》第4辑,天津人民出版社,2004,第187页。

外，还特别关注公民的美德①。他们认为，要过上自由幸福的生活，除了制度上设计合理之外，还有赖于公民的德行，公民美德是共和主义的一个核心概念。他们坚信"美德可以战胜命运"②，美德和自由是相互支撑的，美德败坏之日，即为政治衰亡之时。他们认为："为了保证自由的价值得到维护，首先需要促进的与其说是有效的组织和法律结构，不如说是全体人民的公民自豪感和爱国精神。"③"共和概念，它的有生命力的原则是公民的美德。"④"公民美德不属于任何一个政党或教条。它仅仅是关心公众意愿和公共目标的一种品质。"⑤伯里克利曾经对此说过："在我们这里，每一个人所关心的，不仅是他自己的事务，而且也关心国家事务；就是那些最忙于自己事务的人，对于一般政治也是很熟悉的——这是我们的特点：一个不关心政治的人，我们不说他是一个注意自己事务的人，而说他根本没有事务。"⑥

---

① "美德是什么"本来就是一个难以定论的问题，有很多种分类方法，其中以威廉姆·斯通的分类最有影响力。甘斯通认为，公民美德可以分为以下四种：第一，一般品德，包括勇气、守法、诚信；第二，社会品德，包括独立、思想开通；第三，经济品德，包括工作伦理、要有能力约束自我满足、要有能力适应经济和技术变迁；第四，政治品德，包括要有能力弄清和尊重他人的权利、要有提出适度要求的意愿、要有能力评价官员的表现、要有从事公共讨论的意愿。
② 〔英〕昆廷·斯金纳：《近代政治思想的基础》，奚瑞森、亚方译，商务印书馆，2002，第288页。
③ 〔英〕昆廷·斯金纳：《近代政治思想的基础》，奚瑞森、亚方译，商务印书馆，2002，第272页。
④ 〔美〕斯蒂芬·L. 埃尔金等主编《新宪政论——为美好的社会设计政治制度》，周叶谦译，三联书店，1997，第213页。
⑤ 〔美〕斯蒂芬·L. 埃尔金等主编《新宪政论——为美好的社会设计政治制度》，周叶谦译，三联书店，1997，第258页。
⑥ 〔古希腊〕修昔底德：《伯罗奔尼撒战争史》，谢德风译，商务印书馆，1978，第132页。

一　斯金纳与共和主义美德观

对公民美德的诉求是共和主义理论区别于其他理论的标准，关于美德的内涵也是关于共和主义的研究者到现代还存在争议的一个焦点。共和主义者普遍认为，即使是哲学王执政，最好的制度安排也不足以防范来自共和国内在和外在的威胁，除了良好的政治制度以外，共和国的存在和发展还要依靠公民良好的习俗和德行。

亚里士多德在他的著作中一再谈论美德，而且认为不同的政体会有不同的美德，要求不同的德行。笔者认为，亚里士多德的美德或者德行似乎可以等同于一个词：品质。亚里士多德发展了柏拉图的美德理论，认为美德还包括诸如审慎、智识、对共同体的认同（爱国）等诸多因素。"古典共和主义所鼓励赞许的贤德是指公共美德……公共美德是指为了社会利益牺牲自己的私欲和利益的那种品德，全心全意为公共福利服务的品德。"[1]亚里士多德特别注重智慧，他指出智慧最好要超出伦理德行的"明哲层次"，能够进入纯粹思辨的领域中，才可说进入了真正公民的境界[2]。

亚里士多德还认为，德性不管是个人的还是领导人或是城邦的，如果丧失就不会有个人或城邦的善的幸福生活。"友谊乃是城邦最高的善，而且是消除城邦动乱的最佳手段。"[3]德行之于公民和城邦都非常重要。"因为幸福必然离不开德性，一个城邦任何一部

---

[1] 〔美〕戈登·伍德：《美国革命的激进主义》，傅国英译，北京大学出版社，1997，第103页。
[2] 〔古希腊〕亚里士多德：《尼各马科伦理学》，苗力田译，中国社会科学出版社，1990，第224页。
[3] 〔古希腊〕亚里士多德：《政治学》，颜一、秦典华译，中国人民大学出版社，2003，第35页。

分不具备德性都不能称为幸福之邦,而必须以全体公民为准。"①"幸福在单纯的意义上而非相对于某一前提条件是德性的完美运用和实现活动。"②所以,为了公民和城邦的幸福生活,每个公民都有必要成就自己的德性。在此,亚里士多德还指出完善德性达致善良贤明有三种途径:本性、习惯和理性。由于本性人有别于动物,本性中的好与坏的禀赋又会受到习惯的影响,变得更好或是更坏,所以人的理性很重要,它会引导本性和习惯向好的方向发展③。显而易见的是,要成就城邦的德性必须先成就公民个人的德性,每个公民都是城邦的一分子,因而对每一部分的关心应当同对整体的关心符合一致。正因为如此,亚里士多德非常关心教育尤其是对青少年的教育,并认为这是全社会的责任,应该通过立法来对教育的内容和教育的方式进行管理。

西塞罗认为,美德是人类天赋的,是人类的本质属性,个人不能远离社会,不能只关注一己私利和个人的道德修养。所谓美德,全在于它能够运用,能够给国家和所有公民带来利益,而不是个人或一部分人的利益。西塞罗指出:"自然赋予人类如此强烈的德行追求,如此强烈的维护公共利益的热情,其力量能够战胜一切欲望和闲适产生的诱惑……对美德的最好运用在于管理国家,并且是在实际上,而不是口头上实现那些哲学家们在他们的学派内议论的东西。"④

---

① 〔古希腊〕亚里士多德:《政治学》,颜一、秦典华译,中国人民大学出版社,2003,第245页。
② 〔古希腊〕亚里士多德:《政治学》,颜一、秦典华译,中国人民大学出版社,2003,第253页。
③ 〔古希腊〕亚里士多德:《政治学》,颜一、秦典华译,中国人民大学出版社,2003,第254页。
④ 〔古罗马〕西塞罗:《论共和国·论法律》,王焕生译,中国政法大学出版社,1997,第12页。

哈林顿认为,只有当美德受到国家的适当鼓励,这个国家才是一个有发展的国家。"在共和国中,如果要通过选举而获得崇高的地位,便只有美德受到一致公认时才能达到目的,如果政权是民主公平的,更应如此,如果德行出众的人不能获得崇高的地位,那这个共和国就是十分愚蠢而不公平的了,美德能得到适当的激励,国家又能得到更好的服务,对一个共和国来说是两全齐美的事情。"[1]由此可见,在哈林顿看来,公民美德首先体现在对公共事务和选举代表的关切上。美国宪法之父麦迪逊认为:"我坚持这个伟大的共和原则,即人民将有美德和智慧选择有德行和明智的人。我们之间没有美德吗?如果没有,我们就处于一种可悲的境地。任何理论上的修正,任何政府形式都不能使我们获得稳定。"[2]

泰勒认为,公民美德本质上就是爱国主义,是以在一项特殊的共同事业中对他人的认同为基础的。泰勒指出,爱国主义就是"我没有致力于捍卫随便哪一个人的自由,而是在我们的共同事业中对我的同胞的血肉相连的情感"[3]。

共和主义为什么要关注美德?斯金纳是这样认为的:美德为什么在共和主义者那里具有至高无上的地位,这源于共和主义对人性的价值预设——人在本质上是政治动物、社会动物,个人必须和其他人生活在一起才能实现他的价值和幸福,一个好的国家必须是由好的公民组成的,是好公民的联合体,一个好公民必须具有好的品德——公民美德。

"美德"与"参与"是斯金纳公民理论两个最基本的内容。斯

---

[1] Pocock (ed.), *The Political Works of James Harrington*, Cambridge, 1977, p. 182.
[2] 〔美〕斯蒂芬·L. 埃尔金等主编《新宪政论——为美好的社会设计政治制度》,周叶谦译,三联书店,1997,第 165~166 页。
[3] 参见马德普等编《中西政治文化论丛》第 4 辑,天津人民出版社,2004,第 202 页。

金纳曾经非常赞赏共和主义的古典传统，但他又指出，古典共和主义除了在号召人们积极争取自由，并以"混合均衡政体"的宪政主张为近代国家的构建作出贡献以外，在其他方面大体便不再发挥影响了。而一到近代民族国家在世界范围内先后完成，古典共和主义更是成了过时之物。昆廷·斯金纳曾惊异于古典共和主义的衰落似乎是一夜之间完成的。在他看来，共和理论到18世纪很快让位于以功利主义为基础的自由主义，自由国家、积极公民的主张很快就被人们视为迂腐过时，其中的重要原因则是商业时代的来临，此时绅士美德便不再为人们所重视[1]。

斯金纳通过对北方人文主义者的考察发现，他们几乎一致强调这样一种主张：政治成就的关键在于增进美德，他们的基本要求与其说是改革制度，不如说是改变人的气质[2]。当时的这种美德大致包括：正义、节制、坚忍不拔、智慧、大方、宽厚、忠诚等，除此以外，还有一个主要的美德——信神的美德[3]。

综观斯金纳的美德思想，我们可以发现，他的美德思想在很大程度上是受到马基雅维里影响的，并且在很大程度上是发掘出马基雅维里的思想并将其安置在自己的同一条战线上并肩作战（当然，马基雅维里是否真的如斯金纳所认为的那样尚未可知，事实上也有很多学者提出质疑，如维罗里、罗尔斯等）。在马基雅维里那里，美德主要是指保卫自由的勇气、维护自由政府时的节制和有序、民政和军事上的审慎。这种美德并不等同于正义。沙博

---

[1] Hannah Arendt, *The Human Condition*, Chicago and London: The University of Chicago Press, 1998, pp. 96 - 97.
[2] 〔英〕昆廷·斯金纳：《近代政治思想的基础》，奚瑞森、亚方译，商务印书馆，2002，第349页。
[3] 〔英〕昆廷·斯金纳：《近代政治思想的基础》，奚瑞森、亚方译，商务印书馆，2002，第352页。

(Chabod)曾经断言:"在马基雅维里看来,Virtu 并不是我们所认为的那种'道德'品质,它指的是拥有做出决定和采取行动的活力或能力。"[1]斯金纳认为,沙博的观点并没有错,但远不仅仅如此。他指出,在马基雅维里那里,"Virtu"指的是能力、天赋等,包括开拓疆域、加强统治的秩序。斯金纳对沙博的观点并不满意,因为他认为在共和主义者看来,要为共同利益服务,决定了人们要有一副铁石心肠,甘愿鄙弃正义的要求,行动起来冷酷无情、背信弃义,还要有保持勇气、节制、审慎的品质。所以,斯金纳认为,在马基雅维里那里,"Virtu"是一个双关语,既包括天赋和能力,也包括美德。在斯金纳看来,美德并不是传统共和主义所认为的"美好的品德",而主要指的是一种素质和能力。里面包括两个内容:能力(不排除为恶的能力,没有善恶的区分)、美德(比较高尚的美德)。而且,"美德"这个词在每个思想家那里内涵是不一样的,西塞罗把他称为"Virtus",后来的意大利理论家称之为"Virtù",英国的共和主义者则将其译为公民美德或公共精神[2]。

斯金纳的美德与亚里士多德等古典共和主义者所说的美德的内容有所不同。斯金纳不像古典共和主义者那样重视荣耀、英雄气概等带有穷兵黩武色调和男性色彩。在古典共和主义那里,美德体现在公共生活和私人生活的任何方面,主要指的是公共美德和私人高贵的品德,包括爱国、勤奋、大公无私、乐于奉献等,而在斯金纳这里,美德含有古典美德的意思,更多的是强调了一种对政治的参与、对公共生活的关心,但斯金纳所指的这种关心和参与并不要求公民具有多么高尚的情操,而更看重的是公民个

---

[1] 达巍等编《消极自由有什么错》,文化艺术出版社,2001,第 117 页。
[2] 应奇、刘训练编《公民共和主义》,东方出版社,2006,第 72 页。

人的一种参与能力，比如智慧、雄辩等。在斯金纳那里，美德应该包含两个意思：品质的高尚、能力（为了达到公共利益的目的，甚至不惜提倡作恶的能力）。所以，在斯金纳的美德的词汇里，美德与品德仅仅是相关，并不等同，但与能力、素质紧密相连。

需要指出的是，古典共和主义主张的"美德"，是政治领域中的"公德"，甚至可以说就是公共精神；并且，他们在诸如审慎、节制、勇气、正义等具体德行中，强调的重点也是有差别的。自由的生活，除了有赖于制度设计外，还要看公民的德行，美德与自由是相互支持的关系，美德如果不存在，自由也就必然荡然无存。

斯金纳通过对马基雅维里的研究得出：古典时代的"Virtù"不应该被译为"Virtue"（德性），而只是君主借以达成他们的目标也即给人民带来安宁、给自己带来荣誉和光彩的手段①。不一定必然是仁慈、大度、公正、堂皇等德性，只要能够达到他们的目标，手段无所谓好还是坏。

斯金纳赞同并基本上继承了马基雅维里的美德理论。马基雅维里曾经说过："就像良善的道德想得到维持就需要法律一样，法律想得到遵守也需要良善的道德。"②良善的法律为何离不开良善的道德？这可以从两个方面来理解：一是只有法律获得普遍的忠诚，尤其是获得当权者自身的忠诚的时候，它才能得到比较好的实施和遵循；二是只有当人们把法律内化为道德、良知的时候，法律

---

① 〔英〕玛丽亚·露西娅·帕拉蕾丝－伯克编《新史学：自白与对话》，彭刚译，北京大学出版社，2006，第285页。
② 马德普等编《中西政治文化论丛》第4辑，天津人民出版社，2004，第144页。

才能得到更多的维护和支持。事实证明，对成法的畏惧不足以成为人们遵守法律的有效动机。

二 美德与自由

斯金纳认为，美德不是与生俱来的。事实上，大部分公民是腐化堕落的，就本性而言，他们都将自己的私人利益置于公共利益之上，在这个方面，斯金纳与马基雅维里是一样的，都持略显悲观的看法："所有人都是恶的，只要一有机会时就会将心中的恶付于行动。"①"腐化就意味着我们忘记了——或者说没有能够领会——与我们的利益休戚相关的，我们应该牢记的一些东西：如果我们希望在政治社会中尽可能地享有自由，那么我们有充分的理由首先做品德高尚的公民，把公共利益置于个人利益或集团利益之上。简而言之，腐化就是理性的一种失败，即没有认识到我们自己的自由取决于一种美德的生活和公共服务的生活。"②所以，斯金纳把美德与法律联合起来，用法律来防止人们的腐化以及美德的沦丧。

斯金纳的美德与自由的关系可以归结为两点：一是个人自由只有在自治共同体中才能得到保证；二是自由以美德为前提，没有美德的人无所谓自由，只有具有美德和公共精神的人，才可能享有完全的自由③。斯金纳对美德的社会政治功能深信不疑。他在《消极自由观的哲学与历史透视》一文中指出："如果要问，依靠什么样的品质、什么样的天赋或能力，我们才有望确保我们的自

---

① 〔意〕马基雅维里：《论李维》，冯克利译，上海人民出版社，2005。
② 〔英〕昆廷·斯金纳：《政治自由的悖论》，柴宝勇译，载应奇、刘训练编《第三种自由》，东方出版社，2006，第124页。
③ Quentin Skinner, *Visions of Politics：Regarding Method*, Vol. 2, Cambridge University Press, 2002, p. 188.

由并增进共同利益，那么答案就是：依靠美德。"①

斯金纳依据马基雅维里的路径，指出美德与自由的关系非常密切。一切保证公共生活中取得成就、维系自由的品质，都可称为"美德"，其逻辑结论则是为了维护安全和自由，如果需要作恶，就应当毫不犹豫。依斯金纳之言，马基雅维里论证了公共美德与基督教时代旧道德之间没有必然的联系，他"不过将美德这个观念与在实践中拯救我们国家的生存和维护其自由所需要的一切品质等同起来"②，而这个理论在当时无疑是革命性的。

在斯金纳看来，自由主义背离了"人天生为政治动物"的西方传统，单向度发展了"消极自由"的论述，却遗忘了公民参与、培养美德的共和传统。斯金纳一再强调：个人自由其实有赖于个人对公共事务的付出，政治参与之所以能成为实现个人自由之前提是因为德性可以丰富人的本性。因此，光是像自由主义那样只提倡宽容、自主、公正是不足的，现代社会还必须注意培养勇敢、节制、睿智等其他美德。

斯金纳的公民美德是一种工具性的善③。古典共和主义认为，

---

① 〔英〕斯金纳：《消极自由观的哲学与历史透视》，载达巍等编《消极自由有什么错》，文化艺术出版社，2001，第117页。
② 〔英〕昆廷·斯金纳：《近代政治思想的基础》，奚瑞森、亚方译，商务印书馆，2002，第286页。
③ 关于什么是共同善，学界素来有着几种不同的看法。①社会群体整体论的共同善，这种观点主张，一个政治共同体就像有机体一样，具有单一的目的，一个政治共同体的最终目的就是这个共同体的共同善，也是最高的善，亚里士多德、卢梭的公意就是这种共同善的代表；②个人利益合计起来的善，这种观点主张并不存在一直实质上的公共善，实际上只存在具体的个人的、家庭的真实利益，所谓共同善、公共利益不过是个人、家庭利益的合计；③个人利益的条件的总称，这种观点认为所谓共同善和公共利益就是我们所有人都能够从中受益的善或利益，对所有人都有好处，并且具有非排他性，是一种类似于公共物品的东西；④一种本质的善，它不能用功利眼光看待，只能在交往中感受。参见刘训练《共和主义与自由主义：一个思想史的考察》，《学海》2006年第5期，第134~135页。

公民美德是一种本质性的甚至最高的善,是公民所必须具有的;与传统的共和主义所不同,斯金纳主张的公民美德只是对一种共同善的变通,只不过是实现共同善的一种工具而已。所以,斯金纳的共和主义也被人称为"工具共和主义",以示与古典共和主义的区别。

美德是可以塑造的,法律也是一种途径。斯金纳指出,马基雅维里早就说过:只有当城市的法律及其宪政秩序能够有效地遏制贵族和大众的不良品性——对于前者来说就是支配的欲望,对于后者来说就是放纵的欲望——它才能说是自由的[①]。

第四节 公民与修辞

共和主义学者大多论及辩论的作用,提出修辞是公民参与政治的必要条件和前提,是公民应当具有的一种"美德"。西塞罗在他早期的著作《论修辞学的发明》中开门见山地指出:"智慧如果缺乏辩才很难有益于公民全体,而没有智慧的雄辩往往显得过于花哨却毫无益处。"[②]西塞罗把雄辩的语言当成人类联合的基础:"全人类的和谐取决于人的自然中理性和语言的汇合……教与学、交流、讨论与判断,将人们联系起来,使他们之间建立起一种自然的兄弟情谊。"[③]"为了防止恶人变得强大伤害好人,进而使所有人陷入灾难,这就需要更加全神贯注地……研究雄辩术……因为假如存在某种指导人间万物的智慧,这种雄辩术就能为共和国谋

---

① 参见〔意〕马基雅维里《佛罗伦萨史》,李活译,商务印书馆,1982。
② 复旦大学思想史研究中心主编《共和主义:古典与现代》,上海世纪出版集团、上海人民出版社,2006,第160页。
③ 复旦大学思想史研究中心主编《共和主义:古典与现代》,上海世纪出版集团、上海人民出版社,2006,第160页。

取最大的好处。"①西塞罗还特别关注惯例和风俗的作用："在某种程度上关注的是人类的惯例、习俗和言语，因此，所有其他卓越的技艺都在于使受教育者最大限度地脱离其原有的理智和心智能力，而就演说术而言，最大的过失莫过于脱离日常生活语言和共同体的理解力所认可的用法。"②西塞罗认为："最好的演说应该能教导人、愉悦人、打动人，感动听众是必不可少的。"③

现代共和主义者阿伦特也曾经提出她的"公共空间"理论，她反对现代性的代议制。她认为："在代议制下，政治退化为行政管理，公共空间已经消失。政治由少数专家参与，而不是各种意见的交流，公民参与仅限于选举，政治成为'用脚投票'的选举政治，革命前的统治与被统治关系又重新恢复。政治成为少数人的特权，公民只需要承认。代议制造成了公民对政治的冷漠和反感。公民将自由与幸福都理解为私人领域的事……人民的自由在他们的私人生活中，不要打搅它。只要让政府成为反对权力的权力，就可以保持这种简单的状态。"④政党取代革命团体，是集中的权力取代分散的权力，是绝对权力取代公共精神。在议会和政党之中，充斥着各种党派纷争，这种纷争不但不是民主，反而加剧了政党的腐化。对于现代政党政治，阿伦特表示特别失望⑤。在阿伦特看来，当代政府缺乏公民与修辞理论，公民已经堕落成投票的工具，人民逐渐疏远公共生活，这是一个危险的征兆。

---

① 复旦大学思想史研究中心主编《共和主义：古典与现代》，上海世纪出版集团、上海人民出版社，2006，第162页。
② 复旦大学思想史研究中心主编《共和主义：古典与现代》，上海世纪出版集团、上海人民出版社，2006，第163页。
③ Marcus Tullius Cicero, *Orator Brutus Topica: De Optimo Genere Oratorum*, Cambridge, Mass.: Harvard University Press, 1949, pp. 3 - 4.
④ Hannah Arendt, *On Revolution*, New York: Penguin, 1963, pp. 240 - 242.
⑤ Hannah Arendt, *On Revolution*, New York: Penguin, 1963, pp. 278 - 279.

斯金纳关注"修辞"已经有一段悠久的历史了,从 20 世纪 80 年代开始他就研究古典时期和文艺复兴时期的修辞科学与艺术①。

一 修辞的政治功能

为什么要关注概念、关注修辞?斯金纳是这样解释的:"我们运用我们的语言不仅仅是交流信息,与此同时也为我们的表达树立权威,去激发参加谈话者的情感,创造进入和排他的边界,以及参与很多其他的社会控制方式。"②"我对概念变化的形式很感兴趣,并已经把这种形式作为修辞的一种特性。这种修辞的目的是奉劝听众接受其所使用的词汇,实质是为了让听众接受他们有争议的行动。"③具体地说,任何一个社会都需要通过对一些名词的修辞运用来成功地确立、支撑、改变他的道德情感认同,在这之中,把所采取的一些行动的要求描写为崇高的、友善的和值得鼓励的,而另一些行动则描述为卑劣的和丑恶的,这样,所有创新性的观念思想家就面临着一个艰难的但明显是属于修辞的任务,也就是使得某种受到质疑的社会行动合法化。所以,他们的任务必须显示为他们仿佛受到质疑的行动提供一系列有利于自己的词汇④。

修辞学研究现在越来越时髦。斯金纳对于修辞学的研究目前还没有受到学界的广泛关注,主要是因为他不是修辞学家,而属于历史学家和政治思想史学家,他的修辞学和别的修辞学家的理

---

① 〔芬兰〕凯瑞·帕罗内:《昆廷·斯金纳思想研究》,李宏图、胡传胜译,华东师范大学出版社,2005,第 145 页。
② Quentin Skinner, *Visions of Politics: Regarding Method*, Vol. 1, Cambridge University Press, 2002, p. 4.
③ Quentin Skinner, *Visions of Politics: Regarding Method*, Vol. 1, Cambridge University Press, 2002, p. 182.
④ Quentin Skinner, *Visions of Politics: Regarding Method*, Vol. 1, Cambridge University Press, 2002, p. 149.

论不完全一样。芬兰学者凯瑞·帕罗内认为,对斯金纳而言,修辞学总是和政治联系在一起的,既与政治实践相联系,又与公民科学相联系①。例如,昆廷·斯金纳《近代政治的基础》一书中的修辞学和"自由"一章有独立的根基:他把修辞学视为一种政治理论的语言,其导向是城市共和国的自由。事实上,修辞是理解斯金纳政治思想的一把钥匙,因为他的思维总是把政治思想和政治行动、当时的语境和修辞习惯联系在一起,修辞不仅仅是他为了论证方便的工具,更是论证的一种确凿论据。正如他在《答复我的批评者》一文中所说:"我所思考的修辞类型绝对不能简单地被看成一连串的论点,它们同时必然也被作为一种论据。"②

在斯金纳看来,语言的作用是无与伦比的,甚至超过了其他一些物质性的工具。"语言像其他社会权力一样自然是一种强制,它全然塑造了我们……然而,语言也是一种资源,我们能够使用它来塑造我们的世界。因此,在这一意义上说,笔如利剑。我们通常在实践中体现着语言并受到它的限制,但这些实践部分地取得其主导地位归因于我们抓住了我们通常所使用语言的权力。始终向我们展现的是,运用我们的语言资源来削弱或加强这些实践,也许会比我们有时设想的更自由。"③

斯金纳非常赞同西塞罗的观点。西塞罗曾经有如此的假设:人是城市的物质,如果想成功地实现他们潜在的各种最高级的能力,他们就需要走到一起来,结合成一个互惠的联合体。在这个

---

① 〔芬兰〕凯瑞·帕罗内:《昆廷·斯金纳思想研究》,李宏图、胡传胜译,华东师范大学出版社,2005,第169页。
② James Tully, *Meaning and Context: Quentin Skinner and His Critics*, Princeton University Press, 1988.
③ Quentin Skinner, *Visions of Politics: Regarding Method*, Vol. 3, Cambridge University Press, 2002, p. 7.

城市中，某个强有力的领导人想要把这个组织改造成一个团结稳定的团体，他该怎么做呢？首先，他必须具有一定的理性，是一个具有智慧的人。与此同时，他还必须是个雄辩的专家，因为对演讲而言，智慧本身是沉默和无能为力的。所以，没有雄辩术的智慧对城市来说是一点用也没有的。西塞罗的结论是：公民科学的思想由两种不可或缺的成分构成。一种是理性，这是使我们有能力揭示真理的本领；另一种是修辞，这是使我们有能力以雄辩的方式展示真理的艺术。西塞罗反复强调，修辞的需要产生于以下事实：理性缺乏任何说服我们并把我们带向真理光明的内在能力。这就是为什么如果要使理性拥有力量并发生影响，就必须加上雄辩术的说服力。修辞的功能是以一种精心设计的说服人的方式来演说，其目的是通过演说来说服人[1]。

斯金纳也非常赞同霍布斯的观点，认为积极的公民必须是"除了成为一名能够进行正确推理的聪明人之外，真正的积极公民还必须是一个雄辩的人，他能够用真正动人演说的力量来说服听众，使他们承认他的推论所阐明的真理"[2]。讲演术可以赢得观众倒向"理性"一边的力量，当然单靠讲演术是不够的，一个积极的男性公民还必须知道讲演的修辞，以及如何根据不同的听众调整他的论证。

修辞的目的是打动观众，能鼓动一个观众或者转变一个观众；理性指的是健全而公开的规范性判断，这种判断常常被理解为偏离事情的现存状态并且靠纯粹雄辩便能改变；修辞学的价值就在

---

[1] 〔英〕昆廷·斯金纳：《霍布斯哲学思想中的理性和修辞》，王加丰、郑崧译，华东师范大学出版社，2005，第4页。
[2] 〔英〕昆廷·斯金纳：《霍布斯哲学思想中的理性和修辞》，王加丰、郑崧译，华东师范大学出版社，2005，第87页。

于它使得这种理性偏离和改变成为可欲可行。所以，与其把好的演说家定义为能够迫使人们去做理性所命令的事情的人物，不如把他视为有魔力的人物。

斯金纳认为，在现实生活中，懂得修辞的人文主义者获得了很多由此带来的好处。"我们一直考虑的人文主义者在代表他们自己的利益、要求在公共生活中有些地位等方面，的确取得了显而易见的成功。"①斯金纳认为，懂得修辞的人可以左右公众的想法，实现自己的政治抱负或者政治阴谋。"在某个著名的场合，卡尼德斯前一天令人心服口服地支持正义，在随后的第二天，他同样能令人心服口服地说服他们反对正义。他因此证明了每一个问题都有两面性，一个人总是能对一个问题的两个方面进行论证，即使是关于美德，修辞学理论的这个核心论点也总是可以如此对待，并可以从正反两个方面得到支持。"②

关于政治修辞，斯金纳感兴趣的还有它们所起到的合法化的作用。斯金纳认为，每个时期政府或政治家都会制造出（或说是当时的政治争论环境产生出）一些新的概念，即使是一个相同的词语，在不同的政治时期都会有不同的含义。人们为什么要制造出新词语或新含义？在斯金纳看来，所有的政治语言都是为了一个目的：制造政治的合法性，换句话说就是为他们的执政或下台编造理由以说服老百姓，争取广大公民的同意和支持，从而获得一种合法性基础。而这些理论，斯金纳把它称为"意识形态"。所以，斯金纳认为，任何政治语言、政治修辞都是一种意识形态，

---

① Quentin Skinner, *Reason and Rhetoric in the Philosophy of Hobbes*, Cambridge: CUP, 1996. p. 73.
② Quentin Skinner, *Reason and Rhetoric in the Philosophy of Hobbes*, Cambridge: CUP, 1996. p. 10.

或都是为意识形态服务的。"语言像其他社会权力一样自然是一种强制,它全然塑造了我们……然而,语言也是一种资源,我们能够使用它来塑造我们的世界。因此,从这个意义上来说,笔为利剑。我们通常在实践中体现着语言并受之限制,但这些实践部分地取得其主导地位归因于我们抓住了我们通常所使用的语言的权力。"①

二 公民修辞的技巧

斯金纳认为,自古以来修辞就是一门艺术,哪怕是西塞罗和昆提良"都从来没有真正怀疑过修辞术是一门真正的艺术"②。"恰当地排列话题,像恰当地部署军队一样,就是最迅速地获得你在演讲中想要的东西,如同在战斗中一样,这意味着胜利。"③

斯金纳认为,修辞艺术非常重要。修辞与讲演是两个不同的事情,讲演术是赢得观众倒向理性一边的力量,但是单靠讲演术是不够的。"一个自己献身于完成自己主要职责的男性公民同时也扮演修辞学技艺解释者的角色。"④"修辞学可以界定为说话说得好的科学。"⑤在《霍布斯哲学思想中的理性和修辞》中,斯金纳详细介绍了一些在罗马和文艺复兴语境中用于改变听众观点的修辞

---

① Quentin Skinner, *Visions of Politics: Regarding Method*, Vol. 3, Cambridge University Press, 2002, p. 2;〔芬兰〕凯瑞·帕罗内:《昆廷·斯金纳思想研究》,李宏图、胡传胜译,华东师范大学出版社,2005,第 7 页。
② Quentin Skinner, *Reason and Rhetoric in the Philosophy of Hobbes*, Cambridge: CUP, 1996. p. 103.
③ 〔英〕昆廷·斯金纳:《霍布斯哲学思想中的理性和修辞》,王加丰、郑崧译,华东师范大学出版社,2005,第 105 页。
④ Quentin Skinner, *Reason and Rhetoric in the Philosophy of Hobbes*, Cambridge: CUP, 1996, p. 97.
⑤ 〔英〕昆廷·斯金纳:《霍布斯哲学思想中的理性和修辞》,王加丰、郑崧译,华东师范大学出版社,2005,第 104 页。

技巧，大致包括如下内容。

第一，注重个人气质。使听众处于友好、乐于接受的心理架构的一种更有效的方式，应该是让他们相信我们具有优秀的品格。我们必须以某种平静的、安抚的、谦恭的和仁慈的方式进行演说，必须给人们一种完全公正的印象……必须保证掌握好分寸，谦虚谨慎，避免流露出即使是最轻微的愤怒或憎恨的迹象，以及任何自大或高傲的痕迹[1]。拥有一种良好的气质就是拥有某种朴素、可爱、精明与谦逊的品质，这是赢得听众支持的基础。

第二，重新定义法（随意褒贬法）。早在20世纪70年代，斯金纳就指出"定义操纵"在古罗马时期就已成为一种基本的修辞学技巧[2]。通过定义可以拔高或贬低相关的事实，夸大或低估行为和事态的意义。"如果我们能够对那一个给定的行动或事态的描述进行挑战，那么我们当然能够同时挑战该行动的道德评价。"[3]或者说"在每一个案例中，我们所作出的重新描述或定义都服务于对所做事情的重新评价"[4]。也就是说，为了达到对事情进行重新评价的目的，我们可以对事情进行重新定义或描述，以使观众对它的理解倾向于我们自己。"我们越成功地说服人们在一个他们从未想过要运用这个评估性术语的环境中运用这个术语，我们就越能说服他们在评价社会和政治生活时更宽更广地使用这个术语，随之而来的变化是潜在的概念将在所涉及的社会的道德争论中获得

---

[1] 〔英〕昆廷·斯金纳：《霍布斯哲学思想中的理性和修辞》，王加丰、郑崧译，华东师范大学出版社，2005，第135页。

[2] Quentin Skinner, *Reason and Rhetoric in the Philosophy of Hobbes*, Cambridge：CUP, 1996. p.142.

[3] Quentin Skinner, *Reason and Rhetoric in the Philosophy of Hobbes*, Cambridge：CUP, 1996. p.142.

[4] Quentin Skinner, *Reason and Rhetoric in the Philosophy of Hobbes*, Cambridge：CUP, 1996. p.145.

新的突出的地位。"①

在斯金纳的修辞学研究中,他把这种重新定义的方法概括为"随意褒贬法"。斯金纳指出:"美德,假如我们认为它们是正确的行为品质,我们提倡它们,它们就会发扬光大,但如果我们觉得可以无视它们,它们就会被贬低。"②因为斯金纳认为,任何美德都有一个"相邻的"或"边界性的"恶习,比如慷慨与浪费、节俭与吝啬、勇敢与鲁莽等。"一个聪明的演讲者,总是可以提出一些貌似合理的表述来挑战对一个行动或事实的既定描述。"③这个技巧可以用来诋毁德行,也可以用来宽恕恶行、为恶行开脱,善恶之分全在于演讲者的随意褒贬。

第三,比喻。斯金纳认为,一个好的演讲者不仅仅只声明或阐述自己的观点,不但应该滔滔不绝地摆事实,还应该运用适当的比喻,把事情描述得简单易懂而不是越来越复杂,从而让听众能够审视这些事情,好像这些事就发生在他们身边一样④。通过"把听众变成观众"的这种方法,可以让人们接受演讲者的观点或政治行动。"为了适应相关的时间、地点、时间、任务,我们必须总是小心翼翼地调整我们的语言和修辞。"⑤

第四,斯金纳认为"笑"也是修辞的技巧之一,"是道德和政

---

① 〔芬兰〕凯瑞·帕罗内:《昆廷·斯金纳思想研究》,李宏图、胡传胜译,华东师范大学出版社,2005,第167页。
② 〔芬兰〕凯瑞·帕罗内:《昆廷·斯金纳思想研究》,李宏图、胡传胜译,华东师范大学出版社,2005,第164页。
③ Quentin Skinner, *Reason and Rhetoric in the Philosophy of Hobbes*, Cambridge: CUP, 1996. p. 156.
④ Quentin Skinner, *Reason and Rhetoric in the Philosophy of Hobbes*, Cambridge: CUP, 1996. p. 185.
⑤ Quentin Skinner, *Reason and Rhetoric in the Philosophy of Hobbes*, Cambridge: CUP, 1996. p. 192.

治辩论中独一无二的强有力的武器"①。在对霍布斯的研究中，斯金纳还发现霍布斯曾经对修辞也进行过详细分析，甚至对于"笑"，霍布斯也认为有挑衅性的笑、蔑视的笑、愚弄的笑等。斯金纳在霍布斯研究的基础上把"笑"进而分解为讽刺、幽默、肢体嘲笑、贬低、话语中断、蔑视否定等许多种，认为"笑"从来就是议会政治的一种手段，它们中的任何一种都可以作为政治修辞能够运用的资源。

第五，语音与语调。斯金纳认为，发音也是修辞的一种有效方法，如采用一种愤怒控诉的语气比较容易激起憎恨感。"仅仅通过声音的某种特殊的调节，我们就可以设法引起听众或法官的同情和愤慨。"②除此之外，斯金纳还指出声音大小的调节至关重要："掌握修辞学的技巧，能使我们雄辩地演讲，而铿锵有力的雄辩便能使我们吸引听众的注意力。"③

通过上文的对比，我们可知，斯金纳的公民理论有很多自己的特点。他首先认为，国家的独立是公民不受奴役并成为公民的前提条件，共和主义的公民必须是积极的公民，积极的公民必须具有美德。在关于美德的论述中，斯金纳的观点既与传统共和主义思想家的美德有所不同，也和自由主义的美德理论不同。斯金纳认为，美德不仅包括美好的道德，也包括理性、修辞、雄辩、能力等。在斯金纳眼里，美德未必等同于高尚，但一定是对共和

---

① 〔芬兰〕凯瑞·帕罗内：《昆廷·斯金纳思想研究》，李宏图、胡传胜译，华东师范大学出版社，2005，第439页。
② 〔英〕昆廷·斯金纳：《霍布斯哲学思想中的理性和修辞》，王加丰、郑崧译，华东师范大学出版社，2005，第143页。
③ Quentin Skinner, *Reason and Rhetoric in the Philosophy of Hobbes*, Cambridge: CUP, 1996. p. 86.

国有所助益的。因为在斯金纳看来，美德不是其他，而是公民欲达到自由、权利的一种途径和工具，美德是具有工具性的"善"。

除此之外，斯金纳还把公民与修辞、公民与美德、美德与自由、美德与法律等结合起来论证，指出它们之间是相关的。只有积极的、具有美德的公民，才能使共和国的建立成为可能。与此同时，共和国的建立又使公民最大限度地保有自己的权利和自由成为可能。

第四章

斯金纳的国家理论

　　国家理论是政治学的核心，是任何一个政治学者都难以绕开的主题。然而，列宁指出："国家问题是一个最复杂最难弄清的问题，也可说是一个被资产阶级的学者、作家和哲学家弄得最混乱的问题。"[1]关于国家理论的范畴、概念、作用，国家的起源，国家的边界，国家的内涵等，学界都众说纷纭，难以达成一致的共识，但是"国家问题，现在无论在理论方面或在政治实践方面，都具有特别重大的意义"[2]。

　　历史告诉我们，国家不是从来就有的，它的产生是历史发展的结果。国家的起源是什么？这是认识国家这一事物时必须回答的问题，它深藏着国家的本质和发展规律的历史开端，是对历史上和现实的国家本质和发展规律的探源。正因为如此，历史上的思想家大多对国家进行了深刻的思索。关于国家的论述可谓汗牛

---

[1] 《列宁专题文集——论辩证唯物主义和历史唯物主义》，人民出版社，2009，第281页。
[2] 《列宁专题文集——论马克思主义》，人民出版社，2009，第174页。

充栋,对于国家的起源问题也是众说纷纭、莫衷一是①。国家开始出现的年代已经难以考察,历史已经尘封,难以定论,现在人们所看到的、所认为的只是猜测或者说只是一些逻辑推理的结果。

何谓国家?由于国家的定义相当复杂,所以我们先从国家的分类来考察。对国家的分类大致可如此:一是把国家视为社会团体,亚里士多德就是如此。他认为,国家是至善的社会团体。"为若干家庭和村坊的结合,由此结合,全城邦可以得到自足而至善的生活。"②古罗马的西塞罗也认为,国家是"由许多社会团体基于共同的权利意识及利益互享的观念而结合的组织"③。近代荷兰法学家格劳秀斯将国家定义为"自由的人们为了维持权利和共同利益而组成的完整的联盟"④。二是把国家视为一个管理或统治的组织,如布丹。他认为:"国家是家庭及其共同财产所组成的团体,这个团体由最高权力及理性治理着。"⑤三是把国家视为权力的中心。韦伯对国家是这样定义的:"在一既定领土内成功地要求物质力量的合法使用、实行垄断的人类社会。"⑥事实上,国家是政治权力(可以说是最大的也是最主要的权力)的发源地,因为,国家拥有军队、警察、监狱等获得和维护政治权力的暴力机关,所以达尔认为:"由特定领土内的居民和政府组成的政治体系就是国家。"⑦

马克思主义关于国家的定义是:"国家无非是一个阶级镇压另

---

① 比如,卢梭认为国家产生于一种社会契约,凯里认为国家产生于强盗集团,马克思主义认为国家产生于经济基础上的阶级统治,等等。
② 〔古希腊〕亚里士多德:《政治学》,吴寿彭译,商务印书馆,1996,第140页。
③ 《中国大百科全书·政治学卷》,中国大百科全书出版社,1992,第136页。
④ 《中国大百科全书·政治学卷》,中国大百科全书出版社,1992,第136页。
⑤ 王惠岩:《政治学原理》,吉林大学出版社,1989,第49页。
⑥ 转引自吴志华主编《政治学原理新编》,华东师范大学出版社,1998,第40页。
⑦ 〔美〕达尔:《现代政治分析》,王沪宁、陈峰译,上海译文出版社,1987,第28页。

一个阶级的机器。"①"国家是一个阶级压迫另一个阶级的机器,是迫使一切从属的阶级服从于一个阶级的机器。"②马克思主义一方面注重国家的阶级属性,但并不意味着毫不关注国家的历史、社会属性,事实上,恩格斯和列宁都对国家的社会属性作过具体的分析。在《家庭、私有制和国家的起源》一书中,恩格斯就曾经指出:"这种从社会中产生但又自居于社会之上并且日益同社会相异化的力量,就是国家。"③他还指出:"社会创立一个机关来保护自己的共同利益,免遭内部和外部的侵犯。这种机关就是国家政权。"④

本章拟就斯金纳的国家理论进行具体的阐述,并将其与古典共和主义的国家理论进行一个理论上的对比,分析斯金纳国家理论与其他学者国家理论的异同,以更好地理解斯金纳在国家理论上的特点以及他所作出的理论贡献。

第一节 斯金纳对国家概念的考察

国家是什么?对于这个问题的思考我们可以追溯到柏拉图。在柏拉图看来,国家的建立来源于人类生活的需要。由于人不能独立生存⑤,总是对别人有所依靠,所以就需要合群组织成团体,成立国家,以便互相帮助、互相依存。从原则上来说,柏拉图所谓的国家现在看来只能称为社会组织,而不是严格意义上的国家,

---

① 《马克思恩格斯文集》第 3 卷,人民出版社,20091,第 111 页。
② 《列宁专题文集——论辩证唯物主义和历史唯物主义》,人民出版社,2009,第 290 页。
③ 《马克思恩格斯文集》第 4 卷,人民出版社,2009,第 189 页。
④ 《马克思恩格斯文集》第 4 卷,人民出版社,2009,第 308 页。
⑤ 柏拉图认为,由于人类个人力量单薄,自然生存环境又那么凶险,凶猛的野兽随时随地出没,每个个体的人都很难独自生活,所以,早期的人类需要团结在一起,以互相帮扶照应,维持生命的繁衍。

因为还没有出现同人民相对立的公共权力，国家还没有完全脱离社会而成为独立的力量。所以，有学者认为，柏拉图混淆了国家与社会的界限，用社会的起源取代了国家的起源。

亚里士多德在《政治学》中开宗明义地指出了国家的目的及其重要性。他认为，国家是最高级、最广泛的一种社会团体，一切社会团体的目的都在于完成某些善业，国家的目的就是为了最高的善。他还对国家进行了独到的设计：第一，城邦应该是小而封闭的，人口也不能太多，要有效管理城邦就必须要求人们彼此了解，形成一个"熟人社会"；第二，国土面积不能太大，但要土壤肥沃，适宜稼穑放牧，以利于经济的自给自足，在地理上又能利于军事防守，利于有限的商业往来；第三，城邦还应该是多元化的，亚里士多德反对柏拉图整齐划一的城邦规划，认为只有低下的存在才是简单的，高级存在体是容有诸多简单事物的复杂有机体。城邦中人数不能太多，更不能都是同一种人，应该有多元化的存在。当然，亚里士多德的理想城邦是古希腊的雅典，在亚里士多德看来，雅典是他认为的理想城邦最现实的典型范本。

西塞罗[①]（Cicero，公元前106年至公元前43年）在《国家篇》中开门见山地指出"国家乃人民之事业"，它"不是人的某种随意聚合的集合体，而是许多人基于法的一致和利益的共同而结合起来的集合体。这种联合的原因不在于人的软弱性，而在于人的某种天生的聚合性"[②]。在这里，西塞罗继承了亚里士多德"人

---

① 西塞罗，出生在古罗马阿尔庇努姆城（今意大利的阿庇诺）的一个普通骑士家庭，曾经师从罗马共和国的占卜官斯凯弗拉、希腊诗人阿尔蔡斯、哲学家菲朗、斯多葛派哲学家狄奥德图斯和雄辩家莫朗等。关于西塞罗的生平可以参见陈文明《西塞罗》，商务印书馆，1984；〔苏〕乌特琴柯《恺撒评传》，王以铸译，中国社会科学出版社，1986。
② 〔古罗马〕西塞罗：《论共和国：论法律》，王焕生译，中国政法大学出版社，1997，第39页。

是天生的政治动物"的观点,认为国家的起源是依照上帝天国的模式而创造的,并认为人类不喜好单一和孤独,这种天性使得人们喜欢过群居的生活,而这种天然的理性来自神。所以西塞罗进而认为,国家的根本便是一个道德的社会,是人们共同服从最高理性的自然的结合①。西塞罗认为,国家的利益最为重要,国家应该以公共利益为指归,离开了这些,共和国就不成其为共和国了。"如果民众拥有自己的权力,便没有什么比那更美好、更自由、更幸福的了,因为他们是法律、审判、战争、和平、缔约、每个公民的权利和财富的主人……只有这样的体制才堪称国家,亦即人民的事业。"②

斯金纳对于国家的研究不是从理论上去定义国家,而是从其概念演变的历史追溯着手。他认为,国家概念的演变史能够真实地反映国家本身的历史,所以,研究国家首先有必要研究它的概念史。

一 国家概念形成的前提条件

斯金纳在写《近代政治思想的基础》的时候就说过,他要阐明近代国家概念形成的历史发展过程。事实上,《近代政治思想的基础》一书出版的成功也给他带来了巨大的国际声誉,从此之后他便声名鹊起。但是,这本书书名中的"基础"却令读者理解起来大费周折,斯金纳只在最后一章的末尾才提到了"基础"一词:"随着这种对国家作为一个全能的,可又是客观的权力的分析,我们可以说是进入了近代世界:近代的'国家'的理论尚有待构想,

---

① 张宏生主编《西方法律思想史》,北京大学出版社,1983,第63页。
② 〔古罗马〕西塞罗:《论共和国:论法律》,王焕生译,中国政法大学出版社,1997,第45页。

而这个理论的基础现已完备。"①在这段话中,斯金纳所说的基础是什么含义呢?他后来指出,他所说的基础的意思是指"国家"已经成为支配政治争论的名词,成了现代政治论辩中所不可或缺的论题,每一个参与政治者都必须面对这个论题,思考它、阐述它。

斯金纳认为,在近代政治理性的意义上,国家的概念明显缺乏一个可靠的基础。所以,斯金纳《近代政治思想的基础》的主要特征之一就是对传统思想家所陈述的理论进行解构,尤其是对文艺复兴时期国家的概念进行考察和分析,而这一点也饱受传统思想家的批评。在一次访谈中,斯金纳本人谈论了这本给他带来无限荣耀的著作:"我试图确认那些最基本的概念,从这些概念中,我们构建了近代西方宣布为合理的各种理论,这就是我们在谈及公民的各种义务和国家的各种权力时继续使用着的那些理论。我的著作的第一卷集中于各种关于公民美德和自治的理论;第二卷集中于专制主义的兴起和与之对立的自然权利理论的出现。我试图表明这些是我们近代西方着手构建国家理论的概念的基础。"②

斯金纳认为,谈论国家、国家概念成为政治主题的时候一定要具备四个前提条件。

首先,政治学领域应该被设想为道德哲学的一个独特的分支,一个与政治艺术有关的分支。虽然这个古老的假设好像是不证自明的,但事实上,这个概念仍不为人们所知,因为奥古斯丁在《上帝之城》中曾经坚持认为,真正的基督教徒不应关注"现世凡俗生活"中的问题,而应该把注意力全然贯注到"如何在未来得

---

① 〔英〕昆廷·斯金纳:《近代政治思想的基础》,奚瑞森、亚方译,商务印书馆,2002,第508页。
② 〔芬兰〕凯瑞·帕罗内:《昆廷·斯金纳思想研究》,李宏图、胡传胜译,华东师范大学出版社,2005,第70页。

到永恒的赐福上,就像一位身处异乡的人那样,任何世俗的和现世的事物,都不容它们使他陷入罗网或使他从通向神的道路上转向"。"正如我力图论证的那样,这又进而暗示:任何探讨近代政治思想基础的企图都需要首先复原和翻译亚里士多德的《政治学》并使这样一个概念再次出现:政治哲学是一门本身就值得研究的独立学科。"①

其次,每个王国或城邦不受外来干涉和上级权力束缚的独立应该得到维护和保证。斯金纳认为,凡是同意《查士丁尼法典》中"元首"应等同于神圣罗马帝国的皇帝,他因此就被认为在中世纪欧洲是最高权力的唯一真正的掌握者,就几乎必然反对这个条件。只有在各个城邦不仅在事实上处于独立于帝国的地位,而且应该在法律上被承认为在处理政治事务时是"不承认任何上级的独立联合体",它才朝着近代国家概念迈进了重要的一步②。

再次,每一个独立王国境内的最高统治者应该被承认为在自己境内没有竞争者,是唯一的立法者和被效忠的对象。由于在中世纪的欧洲,教会坚持自己是和世俗当局同时并存的、不从属于世俗的独立立法者,所以不存在单一的政治主权形象,用斯金纳的话说就是不存在谈论国家的前提条件。只有在16世纪后期以来,国家作为其领土内的最高权力的唯一掌握者的概念,才奠定了基础,一切其他社会和组织只有经过它的允许才能存在③。

最后,政治社会是为了政治目的而存在的。这里的政治目

---

① 〔英〕昆廷·斯金纳:《近代政治思想的基础》,奚瑞森、亚方译,商务印书馆,2002,第495~496页。
② 〔英〕昆廷·斯金纳:《近代政治思想的基础》,奚瑞森、亚方译,商务印书馆,2002,第497页。
③ 〔英〕昆廷·斯金纳:《近代政治思想的基础》,奚瑞森、亚方译,商务印书馆,2002,第499页。

指的是它的世俗目的,如果认为世俗政治应该维护一个爱好和平的、信神的政府,便不会持有这样的观点。斯金纳指出,在 16 世纪,一些宗教人士主张政府的主要目的之一必须是维护真正的宗教和基督教会,这样的主张是对国家形成的一种破坏。斯金纳认为:"倘若要想国内出现实现和平的任何希望,就必须使国家的权力与维护任何具体信仰的责任截然分开。"①

总的来说,斯金纳认为国家概念形成的首要条件是政治成为一门独立的学科,除此之外,自治、主权、垄断和世俗性是我们把一个政治单元当成国家来认识时必须满足的四个缺一不可的条件②。只有具有这四个要素,国家概念的现代意义才算得以形成。

二 国家概念的演进史

斯金纳写《近代政治思想的基础》的主要目标是论述近代国家概念的形成历史,说白了也就是"国家"的概念史。在该书的前言中,斯金纳说明了他把 16 世纪末作为该书的终结的理由。其根据是:"正是在这个时期,逐渐具备了关于国家可公认为近代的概念的主要因素。在这个时期,从'维持他的国家'——其实这无非意味着支撑他个人的地位——的统治者的概念决定性地转变到了这样一个概念:单独存在着一种法定和法制的秩序,亦即国家的秩序,维持这种秩序乃是统治者的职责所在。这种转变的一个后果是:国家的权力,而不是统治者的权力,开始被设想为政府的基础,从而使国家在独特的近代术语中得以概念化——国家

---

① 〔英〕昆廷·斯金纳:《近代政治思想的基础》,奚瑞森、亚方译,商务印书馆,2002,第 499 页。
② 〔芬兰〕凯瑞·帕罗内:《昆廷·斯金纳思想研究》,李宏图、胡传胜译,华东师范大学出版社,2005,第 85 页。

被视为它的疆域之内的法律和合法力量的唯一源泉,而且是它的公民效忠的唯一恰当的目标。"①

斯金纳认为,国家这个概念在16世纪末之前基本成形。在他看来,成形的标准是:一套新的词语开始出现,然后据此表现和议论这一概念。斯金纳考察发现,至少在16世纪末之前,至少在英国和法国,"State"和"Etat"(法语的"国家")已经开始在近代意义上被广泛使用了②。"城市共和国标志着在古典主义以后的政治思想中,第一次有可能体现和发展自决和人民主权的思想;这些共和国不仅在意大利具有广泛影响,而且在宗教改革的浪潮和17、18世纪政治进程的复苏中,对整个欧洲和美洲都具有广泛影响。"③

斯金纳从语义学角度分析道:"在16世纪之前,讨论政治的作者们在使用这个词时,只是指以下两种含义中的一种:要么是一个统治者发现他自己所处的身份或地位,否则就是指总的'国家地位'或是'整个王国'的状况。"斯金纳认为,从统治阶级要"维持他自己的地位"到维持作为"一个独立的政治机构"的国家,这一步是帕特里齐在15世纪后提出来的,但这个概念的雏形则来自马基雅维里。斯金纳认为,马基雅维里当时就已经提到了最核心的部分"国家的威严"。根据斯金纳的文献考证,更为抽象的国家概念可能首先出现在法国,并且和中央集权、官僚机构以及国家的疆界联系在一起,使用这一近代概念的第一人是16世纪

---

① 〔英〕昆廷·斯金纳:《近代政治思想的基础》,奚瑞森、亚方译,商务印书馆,2002,第2页。
② 〔英〕昆廷·斯金纳:《近代政治思想的基础》,奚瑞森、亚方译,商务印书馆,2002,第3页。
③ 〔英〕戴维·赫尔德:《民主的模式》,燕继荣译,中央编译出版社,2004,第54页。

早期法学人文主义者纪尧姆·布戴（Guillaume Budé）。他谈论了国家的类型，并对国家和君主的权力作出了比较明晰的区分。和卡尔·斯密特一样，斯金纳也承认，让·布丹努力完成了国家概念向近代用法的彻底转变，他不但使用了共和国这个概念，还使用了"国家"这个术语，终于使国家概念化为一个权力的所在，这种权力可以用不同的方式加以制度化，并凌驾于这个国家的公民和行政者之上。

依此类推，斯金纳也分析了国家概念在英国的大致发展过程。斯金纳认为，在英国第一个使用"国家这个词的可能是托马斯·斯塔基（Thomas Starkey）"，时间是 1535 年，然而相当于布丹那个意义上的国家概念，则大约出现在 1600 年的《国家的准则》一书中，该书是沃尔特·罗利（Walter Raleigh）所著[①]。

国家概念的逐步普及大概是在 16 世纪末 17 世纪初，国家概念——它的性质、权力、它要求臣民服从的权力——已经开始被认为是欧洲政治思想中最重要的分析对象了[②]。

通过细致地考察国家这个词语的发展进程（其中特别地研究了马基雅维里的用法），斯金纳认为在国家概念的形成过程中，那些共和主义的学者起了重要的作用，尤其是文艺复兴时期的那些共和主义者，如马基雅维里等人。因为他们对"国家和它的对手""政府权威和地方行政的权力"等进行了比较明确的讨论和区分，但是把国家当成一个非人格的抽象则应归功于那些反共和主义的

[①] 〔芬兰〕凯瑞·帕罗内：《昆廷·斯金纳思想研究》，李宏图、胡传胜译，华东师范大学出版社，2005，第 86 页。

[②] 〔英〕昆廷·斯金纳：《近代政治思想的基础》，奚瑞森、亚方译，商务印书馆，2002，第 495 页。霍布斯所著的《哲学入门》一书的序言也反映了这种发展状况。

作者，这是他们讨论时阴差阳错产生的副产品①。

第二节 国家与公民

古典共和主义国家与公民的关系非常明显。那就是：在一定的场合，为了国家的整体利益，公民不得拥有或必须放弃个人的私欲。古典共和主义思想的代表人物亚里士多德甚至把公共利益视为区分正宗政体和变态政体的标准，认为凡照顾到公共利益的各种政体都是正当的或正宗的政体；而那些只照顾统治者利益的政体都是错误的政体或正宗政体的变态，简称"变态政体"，以群众为统治者而能照顾到全邦人民公益的，人们称它为"共和政体"。亚里士多德强调，公共利益是衡量政体优良与否的唯一标准，作为公民更应该克制私利，服从公益，这是城邦公民应具有的传统美德。亚里士多德认为，人生存在这个世界上有三个善业：物质的富足、身体的健康、良好的道德。其中，良好的道德即灵魂的善是最本质的，也是最高的善。人只有实现了这三种善，才真正有别于动物，才成其为"人"。但是，任何独立的个人都无从实现这三个善业，只有城邦才能做到这些。所以，亚里士多德认为，人要实现自己，就必须成为城邦的一员。只有在城邦里，人的本性才有得以实现的可能。城邦虽然在时间顺序上次于家庭和个人，但在本质上则先于家庭和个人，因为个人和家庭是以善为目的，而城邦是以至善为目的，公民的生活若是离开了城邦，就无法实现个人的善。

在古典共和主义者眼里，城邦是个人的归依，个人是城邦的

---

① Skinner, *Visions of Politics: Regarding Method.* Vol. 2, 2002, pp. 125 – 126.

工具，生为城邦人死为城邦鬼。每个人从出生之日开始便从属于城邦，城邦是他的最高监护人，生下来的婴儿由部族的长者代表国家检查，健康的留下，残疾的或羸弱的扔到山里不准抚养，任其死亡。个人必须斩断一切私利和私情，为了城邦，个人要选择牺牲，雅典的贝壳放逐法就是明例。被放逐者不管是不是做错了事，只要大家觉得他可能危害国家或大部分公民认为他应该被放逐，那他就将被驱逐出境①。

戈登·伍德对共和主义深有研究。他说："古典共和主义所鼓励赞许的贤德是指公共美德……公共美德是指为了社会利益牺牲自己的私欲和利益的那种品德，全心全意为公共福利服务的品德。"②德谟克利特用一句话很精当地道出了共和主义的整体主义倾向："国家的利益应该放在超乎一切的地位上……因为一个治理得很好的国家是最可靠的庇护所，其中有着一切。如果它安全，就一切都安全；而如果它被毁坏，就一切都被毁坏了。"③

斯金纳并不赞同古典共和主义的整体主义理论。在他看来，个人不能淹没于整体之中；相反，自由国家之所以具有优先性是因为它是实现个人自由的手段与途径，是工具性优先，而不是目的性优先。

一　自由国家相对于公民的优先性

相对于古典共和主义的整体主义国家观，斯金纳的国家理论要温和得多。他也认为，自由国家相对于公民具有逻辑优先性，

---

① 丛日云：《西方政治文化传统》，大连出版社，1996，第161页。
② 〔美〕戈登·伍德：《美国革命的激进主义》，傅国英译，北京大学出版社，1997，第103页。
③ 北京大学哲学系编译《古希腊罗马哲学》，商务印书馆，1982，第120页。

但目的却是为了公民。也就是说,在斯金纳那里,自由国家的逻辑优先本身不是目的,仅仅是为了使每个公民获得权利和自由的一种保障,而不是其他。

斯金纳认为,共和主义首先是对于"自由国家"的信奉,国家的自由是共和主义的前提条件。如同一个自由的个人,国家的自由就是一个没有受到限制,能够遵照自己的意志也即整个共同体所有成员的公共意志去行动。"我已经说过,古典共和主义主要关注的是对尼德汉姆描述的一个响亮的标题'一个自由国家的优越性'的赞美。"①"如果共和国不能保持'自由状态'(指的是常用的消极含义,即摆脱强制、按照自身意志行事),那么这个国家的每一个成员都将发现他们的个人自由遭到了剥夺(也是常用的消极含义,即丧失了追求个人目标的自由)。"②

斯金纳认为,共和国的存在是以公共利益为基础的,是以人们的自由为目标的,但在现实生活中如何去实现这些理想呢?斯金纳提出了自己的理论设想,他想象中的共和国首先是一个自治的共和政治。国家首先应该是自由的,只有在这种政治制度中,共同体才能在保障公民个人的自由的同时自己也获得发展壮大。

斯金纳指出,正如城市共和国的拥护者所认识的那样,公民只有在自治共和国内才可能享有可靠的自由。这种观点包含了一个重要的推论:参与政治过程以及在公共领域中追寻自己最高目标的愿望必然成为保护个人自由的必要条件。马基雅维里在论及那些由于太懒惰或太自私而不去履行公民义务的人时,总是把他

---

① 应奇、刘训练编《公民共和主义》,东方出版社,2006,第69页。
② 〔英〕昆廷·斯金纳:《对消极自由观的哲学的历史透视》,阎克文译,百度文库,http://wenku.baidu.com/view/53fd701fa8114431b90dd8f2.html,最后访问日期:2013年10月27日。

们形容为"堕落的";在他看来,堕落对自由来说是致命的,正如参与对维持自由是不可或缺的一样。这就解释了为什么让·雅克·卢梭,在《社会契约论》中声称英国人民只能被称为奴隶,因为除了自由投票权,他们在政治过程中没有任何地位,然而卢梭也不禁补充说,英国人对自由的利用表明他们理应受到奴役[①]。

斯金纳指出,生活在这个自由国家之中,公民作为自由国家的成员,可以享有很多的便利,首先是公民的伟大和富足,而且只有自由国家才能给公民带来这种伟大和富足。斯金纳援引了马基雅维里的一句话:"很容易理解生活在自由之中的人们的情感,因为经验告诉我们,只有建立自由国家,否则城邦无论是在权力方面还是在财富方面都无法取得发展。"[②]另外一个主要的来自自由国家的馈赠是个人的自由。个人自由就意味着每个公民都可以免除任何因素的强制和干预。斯金纳认为,公民个人只有生活在自由的国家之中,才能够希望不必害怕自己的财产被剥夺;知道自己不仅生而就是一个自由的公民而非奴隶,而且能够凭借自己的能力成为共同体的领导者。

斯金纳指出,如果没有公民的积极热情,相反替代的是公民的疏忽和冷漠,那么自由国家将败坏为非自由国家。也就是说,公民积极参与政治以及受一种高层次公民美德的驱动,是维护自由国家的一个必要条件。除非公民积极地参与政治生活,否则他们会使其制度陷入涣散、僵化和腐败并最终丧失自己。而且,只有当公民是出于对一种共同善的信仰和为高尚的公民美德所激励,而不是受一种私人利益的驱动时,这种积极参与才是可能的,因

---

① 〔英〕约翰·邓恩:《民主的历程》,林猛等译,吉林人民出版社,1999,第81~82页。
② 应奇、刘训练编《公民共和主义》,东方出版社,2006,第70页。

为纯粹自利的公民关注自己的私人事务甚于关注公共事务,并随时准备在公共事务中"搭便车"。

正如艾伦·帕顿所说,斯金纳对自由国家之存亡绝续的条件进行了分析,并总结出几个重要的规范性结论,其中有一个也是最重要的,就是个人要有积极参与政治的责任。他认为,只有当大家都是积极公民的时候国家的自由才可能实现,个人的消极自由才有可能得以保存[1]。

二 自治共和国与公民

斯金纳赞赏霍布斯把国家比喻为"纯粹人工造成的人",他自己也进而把国家比喻为一个人工工人,并由此提出了他的"有机体理论":斯金纳认为国家就像一个有机体,包含很多内容,而不仅仅是政府。同自然有机体一样,一个政治有机体当且仅当其不受外部的强制时,才能够被认为是自由的。就像一个自由的人,一个自由的国家在追求自己既定的目标时,能够按照自己的意志而行动。也就是说,国家是这样一个共同体:在这个共同体中,公民的意志——政治共同体的普遍意志——可以选择并决定任何目标,这些目标是作为一个整体的共同体所追求的。正如马基雅维里在其《论李维》的开头所指出的那样,自由的国家就是那些"摆脱一切外部奴役,并且能够按照自己的意志管理自己"[2]的国家。

那么,如何去建立这种自治的政制?斯金纳认为,作为自由国家的每个分子,公民要想保持自由的政体,整个公民体就必须

---

[1] 参见马德普等编《中西政治文化论丛》第 4 辑,天津人民出版社,2004,第 190 页。

[2] 应奇、刘训练编《公民共和主义》,东方出版社,2006,第 69~70 页。

具有一种强烈的公民德性意识,这种不可或缺的意识能使公民不被外来的威胁或者内部派系的野心所贿赂或胁迫,从而国家的共同善就不容易被破坏。斯金纳认为,公民必须拥有一种美德:保卫共同体不受到外来侵略和奴役的勇气和决心。公民必须去维护他们共同体的善,尤其重要的是,公民应该愿意为了共同体的善而去抵抗外来的政府或者奴役。一个政治肌体,同一个自然肌体一样,如果把保护自己的任务交给别人来完成,自己却不去学习"自卫的艺术",那么它肯定会逐渐处于丧失自由甚至丧失生命的境地,因为我们不能指望任何人能像我们自己那样关心我们的自由。这样,公民服务于共同体的军事能力的意愿——义务兵役制度的理想——对于保持自由的治理就是不可或缺的了。按照这一传统的思想,与义务兵役制度形成对照的是,部署常备军或者雇佣军将不可避免地成为自由政体的严重威胁[1]。

除此之外,我们每个公民还得在公共生活中发挥积极有效的作用。斯金纳指出,同自然有机体一样,如果允许一个政治机体的政治决策由其本身所有成员之外的其他任何人来决定,那么它是在进行无谓的冒险,这将使其行为背离共同体自身的目标,而偏向那些控制了该共同体的人的目标。因此,斯金纳指出,要确保我们自己的个人自由以及国家独立,我们所有人就必须培养一种全心全意投身公共事务的公民美德[2]。共和主义的国家理论总是将国家置于严格的审查之中,因为它害怕国家的权威蜕变为任意的暴政。公民要对国家时刻保持警惕,以免国家对公民权利予以侵犯,公民将不得不小心谨慎,以使之服务于一切宪法和其他的

---

[1] 〔英〕斯金纳:《论正义、共同善与自由的优先性》,载达巍等编《消极自由有什么错》,文化艺术出版社,2001,第135页。
[2] 应奇、刘训练编《公民共和主义》,东方出版社,2006,第73页。

约束。

斯金纳认为:"一个政治体就像一个自然体一样,如果它在追求其所选择的目标上被强迫或强制地剥夺了任意行动的能力,它将变得不自由。不仅如此,他们还把使用这样的暴力来对待一个自由的民族定义为专制的标志。"[1]所以,共和国还必须有自己的军队以保护自己的自由不受侵犯。由于国家与国家之间往往处于一种预设的前途:敌对状态,所以每个国家都有被侵略或被征服的潜在危险。在一个自由国家被征服以后,不仅仅国家要丧失自由的政体,臣服于外部的意志,它的公民也会丧失实现自己选择目标的自由,由于他们现在臣服于征服者,他们就很可能只被当成实现征服者的目标的手段。如果一个人的目标是由他人的意志决定的,那么他就是处于奴役状态之中。因此可以认为,在保卫自由的共同体与公民个人保护并扩大自己的自由的能力之间,存在密切的联系。尽管这看起来有些矛盾,但是两者的确是互为条件的。对于一个人拒绝为自己的共同体服务,拒绝保卫或者支持共同体的自由政体,情况也是一样的。由于人具有渴求权力的自然本性,拒绝为共同体服务就等于邀请肆无忌惮的领导人或者利益团体颠覆自由政体。同样,颠覆的后果将不仅仅是摧毁共同体实现自己目标的自由。这也会使得个体公民的目标服从于大权在握的人的目标,这同样等于把公民贬黜到奴役状态。尽管这看起来很矛盾,公共服务却再次成为保证并扩大我们个人自由的唯一途径[2]。

---

[1] 〔英〕昆廷·斯金纳:《自由主义之前的自由》,李宏图译,上海三联书店,2003,第33页。

[2] 〔英〕昆廷·斯金纳:《论正义、共同善与自由的优先性》,载达巍等编《消极自由有什么错》,文化艺术出版社,2001,第138页。

第三节　混合与均衡

　　一般而言，共和主义普遍推崇权力制约。"罗马组织结构的完美似乎基于其宗教的正统观念和它那谨慎维持着的各种政治力量的平衡。"①古典共和主义主张"小国寡民"，认为这样公民容易举行聚会，讨论国家事务，公民之间也互相熟悉。据说，雅典政治家泰米斯·托克利就因为能叫上每个普通公民的名字而受到大家的拥护和爱戴②。由于城邦人员较少，所以他们之间就容易形成一种权力委托和监督的关系。共和主义在政治设计的时候都有一种"均权"的思想，试图让每一个公民都享有均衡的权利，人与人之间保持一种均衡。

　　亚里士多德认为，共和政体是国家的"正体"，要维护这种政体的实现，"一邦之内，愿意维持其政体的部分必须强于反对这一政体的部分……组成每一个城邦的因素，有质也有量……质是指自由身份、财富、文化和名望等，量是指人数的多寡"。他指出，"组成城邦的一个部分优于质"，而另一部分可能优于量，质和量之间应当加以平衡。他提出了政体选择的三条成例：一是，倘穷人数量多，在量的方面的优势实际超越了另一部分人在质的方面的优势，这里自然就得建立一个平民政体；二是，倘使富户和贵族阶级在"质"方面的优势足以抵偿自己在"量"方面的劣势，就会产生寡头政体；三是，倘使中产阶级的人数超过其他两个部分，或仅仅超过两者之一，就可能建立一个持久的共和政体。亚

---

① 〔美〕卡尔·J. 弗里德里希：《超验正义——宪政的宗教之维》，周勇译，三联书店，1997，第6页。
② 〔古希腊〕普鲁塔克：《希腊罗马名人传》，席岱岳译，商务印书馆，1995。

里士多德进而分析说:"富人联合贫民来反对中产阶级的事情是不会发生的,贫富既不相容,两方谁也不肯做对方的臣属;他们要是想在'共和政体'以外,另外创立一个更能顾全贫富两方利益的政体,这必然是徒劳的。两方谁也不愿意作出轮番为政的安排,他们总是互不信任对方的,要取得两方最大的信任,必须有一个中性的仲裁,而在中间地位的人恰好正是这样一个仲裁者。"①在亚里士多德看来,中产阶级是一个比较理性的社会团体,他们拥有一定的财产,但没有多到可以让他们放肆的地步,也不会少到像穷人那样为了温饱而无所不顾的地步。他们既不傲慢也不卑贱,当这个阶级在城邦中占多数的时候,城邦就会呈现良好的发展态势。

事实上共和主义者对于国家理论大多如亚里士多德持有一种中庸的理论。他认为:"依通例说,不问各邦特殊情况怎样,凡是和最好政体愈接近的品种自然比较良好;凡是离中庸之道愈远的品种也一定是最恶劣的政体。"②

如果说亚里士多德等人是混合均衡思想的提出者,那么汉密尔顿、杰伊、麦迪逊等联邦党人就是这种理论的实践者。在他们看来,每个人都是有野心的。"如果每个人都是天使,就不需要任何政府了。如果是天使统治人就不需要对政府有任何外来的或内在的控制了。"③而这种"野心假定"是我们设计政府时预先必须考虑的前提。正是出于这种对野心的限定,联邦党人才设计出了混合均衡政体。可以说,联邦党人的贡献就在于他们不仅承认人

---

① 〔古希腊〕亚里士多德:《政治学》,吴寿彭译,商务印书馆,1965,第210~211页;徐祥民:《政体学说史》,北京大学出版社,2002,第85~86页。
② 〔古希腊〕亚里士多德:《政治学》,吴寿彭译,商务印书馆,1965,第209页。
③ 〔美〕汉密尔顿、〔美〕杰伊、〔美〕麦迪逊:《联邦党人文集》,程逢如等译,商务印书馆,1989,第264页。

皆有私心，而且认为人皆有野心，前者是人的自然性，后者表现为人的政治性。

斯金纳继承了古典共和主义关于共和均衡的相关理论，并对其进行了深入的研究，形成了自己独到的见解。

一 政体的均衡

斯金纳在很大程度上继承了波里比阿[①]的相关理论。波里比阿指出，罗马人之所以能够在不到53年的时间里，几乎征服和统治了全世界，是因为罗马人采取了混合政体[②]。波里比阿认为，单纯的好的政体容易变成坏的政体，并不断循环往复。在他看来，君主制→僭主制→贵族制→寡头制→民主制→暴民制这几个政治制度会不断循环，所以单纯的政体是不稳定的，因为单一的统治者的权力在得不到制约的情况下总是会走向专权与暴虐。他认为，混合政体"将最好政体的所有优点和特点结合起来，每个部分都不应该不适度地占有优势，从而防止堕落成他们的邪恶类型。此外，每一种权力都被另一种权力所制约，每个部分都不该改变均势或决定性地超过别的部分。只有通过调整到恰当的均衡状态，整体就会长期保持稳定，就像一艘船顺风而行。王室贵族权力由于害怕人民而不至于过分傲慢，因为人民在政权中也有足够的力量。当然人民更不会公然蔑视国王，因为害怕元老院"[③]。

关于国家具体制度的设计，斯金纳认为权力需要制约和均衡，并认为古罗马可以作为一个很好的参照系。罗马人有两个议会，

---

① 波里比阿（Polybius，又译波利比奥斯，公元前208年至公元前126年），出生于小亚细亚的狄奥尼西奥斯，公元前168年到公元前151年曾以人质的身份客居罗马，在此期间写成鸿篇巨制《历史》。

② Polybius，*The Histories*，Vol. 6，Oxford University Press，2010.

③ Polybius，*The Histories*，Vol. 6，Oxford University Press，2010.

分别由贵族和平民所控制，任何提案要想成为法律都必须取得两个议会的一致同意。每一个议会自然都倾向于提出仅仅符合自己利益的提案，但它们都将受到另外一个议会的抵制而无法强制成为法律。最终的结果就是，只有那些超越了局部利益的提案才能得到通过。因此，与宪法相关的法律才得以始终有助于促进公共利益[1]。

斯金纳的共和思想在很大程度上受惠于马基雅维里思想的启发。马基雅维里把政体也分为六种，三种好的与三种坏的。三种好的政体是君主政体、贵族政体和民主政体，三种坏的政体是独裁政体、寡头政体和平民政体。三种纯粹政治制度都是不稳定的，倾向于产生一种周期性的腐化与衰退。"君主制易于蜕变为专制统治，贵族制易于蜕变成寡头制，民主制变得肆无忌惮，亦非难事。"[2]所以，马基雅维里认为："三种好的短命，三种坏的恶劣。故精明的法律实施者，在认识到这些不足之后，便会避开这些类型，选择一种兼容并包的统治形式，认定其更为稳固持久：在同一城邦内兼行君主制、贵族制和民主制，它们可以互相守卫。"[3]斯金纳指出，最好的政体应该是"建立一种混合的政治制度，一种使诸纯粹政体形式的不稳定性得到改正，而它们的力量被结合起来的政治制度。罗马就提供了一个最明显的例子：正因为它设法建立了一个'混合的政府'，所以最后才上升为'一个完美的共和国'"[4]。

总之，斯金纳秉承了共和主义的混合均衡思想，认为只有这样才能防止政权的腐化与堕落，共和国才能得到维护和发展，只

---

[1] 应奇、刘训练编《公民共和主义》，东方出版社，2006，第76页。
[2] 〔意〕马基雅维里：《论李维》，冯克利译，上海人民出版社，2005，第50页。
[3] 〔意〕马基雅维里：《论李维》，冯克利译，上海人民出版社，2005，第51页。
[4] 〔英〕昆廷·斯金纳：《马基雅维里》，王锐生、张阳译，中国工人出版社，1985，第126页。

有公共利益得到保障,公民个人利益才能得以更好地享有。

二 共和均衡的前提

除了在政体上赞同一种混合均衡之外,斯金纳还认为国家要达到均衡应该具备以下几个条件。

(1)法律的制约。斯金纳指出,马基雅维里是主张立法为共和均衡制度作保障的。在谈到如何防止共和国腐化的时候,"马基雅维里认为,解决问题的办法是制定一种与诸种制度相关的法律:使对立的社会势力之间构成一种相互制约的均势,在这种均势中,所有党派都参与政府的事务,彼此保持互相监督,这样就能防止富人的傲慢和平民的放肆。由于彼此竞争的集团相互猜疑并监视对方的任何夺取最高权力的迹象,这样的压力产生出来的结果,将意味着,只有那些有益于公共自由的法律和制度才能被通过。尽管人们的行为完全由他们的自私的利益来推动,各党派集团似乎由一只看不见的手引导着,在其一切立法活动中推进公共利益:'所有有利于政治自由的法律'都是:来自他们的相互倾轧"[1]。

斯金纳认为,任何独断的权力都是共和主义所反对的,君主真正是政府的一种疾病。已经证明,任何国王都是贪得无厌和反复无常的人[2],如果你希望去保有你的自由,你就必须确保你生活在没有任何专断权力成分的一种政治体制下。如此一来,你的公民自由将不可能依赖于一个统治者、一个统治集团,或任何其他国家管理机构的善良意志。换言之,你必须生活在这样的一种体

---

[1] 〔英〕昆廷·斯金纳:《马基雅维里》,王锐生、张阳译,中国工人出版社,1985,第128页。
[2] 〔英〕昆廷·斯金纳:《自由主义之前的自由》,李宏图译,上海三联书店,2003,第39~40页。

制下：制定法律的唯一权力保存在人民或由他们所委托的代表手中，所有政治体制的每一个成员——统治者和公民都一样——服从于他们所选择的加之于他们自身的法律[①]。

（2）民权制约政权，保持政治的均衡。共和政府应该是以公共利益为核心的政府，政府的存在是为了辅助大家获得更大的自由和更大的善。如果政府的存在是为了某些人的利益或某一个人的利益，那么它就会蜕变为贵族政治或寡头政治，也再难以得到大众的支持，从而丧失它的合法性基础，也不再成为共和国。但是斯金纳认为，政府很容易丧失它的美德而自行其是，置公民的政治愿望乃至政治权利于不顾。如果能够提高公民政治参与水平，拓展公民政治参与途径，就将为我们提供一条虽然迂回但是更安全的道路，以维护我们的自由。城市共和国的思想家给我们留下的绝非什么悖论，而是提醒我们注意一个在肯定民主制时不乏悲观色彩而最有说服力的结论。用最简洁的话来表达，这个结论就是：如果我们愿意把政治事务交给个人或集团统治者，我们必然发现他们的统治将以私利而不是社会整体的利益为基础[②]。这些思想家的论证告诉我们的教训是，永远不要相信君主；如果我们希望政府的行为以人民利益为主导，我们就必须在某种程度上保证我们也像自己的政府那样行事[③]。斯金纳并不怎么反对统治者的存在，只是提出对统治者要有一个有力的限制和监督。在这一点上他和马基雅维里有所一致，马基雅维里认为维护共和国的代价是

[①] 〔英〕昆廷·斯金纳：《自由主义之前的自由》，李宏图译，上海三联书店，2003，第51~52页。

[②] 〔英〕约翰·邓恩：《民主的历程》，林猛等译，吉林人民出版社，1999，第82页。

[③] 〔英〕约翰·邓恩：《民主的历程》，林猛等译，吉林人民出版社，1999，第83页。

公民保持"恒久的警惕"①。"每个公民都有必要保持警惕,做好准备,不仅要洞察这种(共和国的)腐化倾向,而且要借助法律的力量,一等到——甚至在这以前——它们开始成为一种威胁,就加以扑灭。"②

(3)社会、制度的宽容。国家制度尤其是法律应该不是某些人哪怕是多数人的统治。斯金纳认为,国家制度应该顾及所有人的利益和偏好,当制度无法做到这样的时候,那至少不能去打击和压制他者的合法愿望和要求。另外,斯金纳还认为,国家的均衡是一个动态的过程,只要是公民的积极参与,由此造成的"骚乱"也是最高的公民美德的表现。所以"一切有利于自由的立法都来自于阶级之间的冲突,因此阶级冲突不会使共和国解体,只会使共和国巩固"③。

(4)经济的均衡。斯金纳还主张,要达到政治体制的混合均衡,在经济上首先必须要均衡。经济差别不能过大,不能让其中的一些公民在经济上依附于另外一些公民,要让最广大的公民保持经济上的独立,至少能够维持自己最基本的生活。在斯金纳看来,均衡政体的基础首先是要在社会上建立一个能保证每个公民在经济上的最基本的"善"——基本的生活保障。

第四节 宪政与法治

什么是宪政呢?所谓宪政,"有着亘古不变的本质:它是对政

---

① 〔英〕昆廷·斯金纳:《马基雅维里》,王锐生、张阳译,中国工人出版社,1985,第130页。
② 〔英〕昆廷·斯金纳:《马基雅维里》,王锐生、张阳译,中国工人出版社,1985,第130~131页。
③ 〔英〕昆廷·斯金纳:《近代政治思想的基础》,奚瑞森、亚方译,商务印书馆,2002,第281页。

府的法律限制；是对专政的反对；它的反面是专断，即恣意而非法律的统治……真正的宪政，其最古老、最坚固、最持久的本质，仍然跟最初一样，是法律对政府的限制"①。用通俗的话来讲，所谓宪政就是依靠法律来治理国家事务，宪政首要的就是法治。在法治社会，法律应该从两个方面来发挥它的作用：一是保障公民个人的合法权利不受来自第三者包括他人和国家政府的侵犯；二是法律对政府及其行政人员合法权力的保障、非法权力的限制——在这个意义上，"宪政"也可以叫"限政"。

尽管对什么是宪政当今还存在各种各样的分歧，但当代宪政理论所包含的法治原则却日渐深入人心为大家所认可。宪政以宪法为前提、以民主政治为核心、以法治为手段、以保障人权为目的，这种观念已逐渐得到认同。

共和主义历来都赞成法治政治。亚里士多德可以算是这种思想的代表人物，他非常理性地认识到法治的种种好处，他的法治思想包含着以下至今仍熠熠闪光的智识：法治优于人治、法治的前提是所遵守的法律是良法、法律要有至上的权威。

古罗马思想家西塞罗更是以自然法为基础阐明了法律和统治者、国家的关系，并认为法律是国家最高的理性和善。西塞罗有一句名言："共和国属于人民大众所有，不是以任意的方式而聚集形成的人的集合均是人民共同体，人民共同体是一个不仅出于共同的利益的需要，而且首先出于共同的法律认识而联合形成的人的共同体。"②

---

① 〔美〕C. H. 麦基文：《宪政古今》，翟小波译，贵州人民出版社，2004，第16页。
② 〔古罗马〕西塞罗：《论共和国：论法律》，王焕生译，中国政法大学出版社，1997，第39页。

此外，哈林顿、孟德斯鸠、潘恩等共和主义者都在不同程度上论证了共和主义与宪政的关联。例如，哈林顿就曾经说过："一个共和国的自由存在于法律的王国之中，缺乏法律便会使它遭受暴君的恶政。"[1]

斯金纳承继了古典共和主义的一般思想。他非常重视法律的作用，并给法律以很高的理论位置。

一 共和国与宪政

斯金纳认为，国家的主要职责之一就是阻止任何人去侵害他的同胞所具有的行动权利，它通过把法律的强制力量平等地放置于每一个公民之上而实现这一目的[2]。斯金纳指出，新罗马自由理论家反对霍布斯所说的个人自由与国家的政治体制没有关系的观点，认为只有在一个法治的国家而非人治的国家，公民才能够保有自由，否则就是丧失了自由，是处在受奴役的状态。而一个法治国家就意味着其法律是由全体人民来制定的。因此，体现在国家的政治体制上，共和主义必定是宪政的唯一形式[3]。

斯金纳认为，国家的独立自主是个人自由的前提。自由就是不依从，如果你要保有你的自由，你就必须是自主和独立的，必须是生活在没有任何专断权力成分的一种政治体制下。也就是说，你的自由是不能依仗于任何统治者或统治集团。换言之，就是你必须生活在这样一种体制下：制定法律的唯一权力被所有公民所享有，所有的成员——包括统治者本身，和每个普通公民一样服

---

[1] 〔英〕詹姆士·哈林顿：《大洋国》，何新译，商务印书馆，1983，第20页。
[2] 〔英〕昆廷·斯金纳：《自由主义之前的自由》，李宏图译，上海三联书店，2003，第4页。
[3] 〔英〕昆廷·斯金纳：《自由主义之前的自由》，李宏图译，上海三联书店，2003，第144页。

从于他们共同制定的法律。只有在这样的体制下，统治者被剥夺了强制他人的专断权力，人们的自由才可能得以真实的享有。"如果一个国家或共和国被看成自由的，管理他们的法律，即为此政治体运动制定规则——必须由它的所有公民，作为一个整体的政治体的成员的同意而制定。否则，政治体将在由别人而非他自己的意志支配下而行动，那么，这将是剥夺了其自由。"①"一个自由国家的这个政府将完全可以使每一个公民能够运用其平等的参与权利来制定法律，因为这将确保所有立法行动能充分地体现作为一个整体的政治体的每一个成员的明确同意。"②

在斯金纳看来，共和国一定是宪政的。斯金纳在这里强调——这里确定的共和国的含义并非现代意义上的共和国，而是古典时期的共和国——为了共同的公共利益，它们进行"宪政设计，政府真实地反映了作为一个整体的共同体的意志，并促进了它的利益"③。

二 法律之于共和国的价值

斯金纳认为，法律能防止共和国的腐化与公民的腐化。所谓共和国的腐化是指共和国的法律和制度不是为公共利益，而是为个人或宗派而设的倾向。他指出："当一个社会这样丧失了它的德行而产生敌对时，城邦中的一切罪恶都会跟着出现，佛罗伦萨的可悲的例子充分证实了这一点。"④

---

① 〔英〕昆廷·斯金纳：《自由主义之前的自由》，李宏图译，上海三联书店，2003，第19页。
② 〔英〕昆廷·斯金纳：《自由主义之前的自由》，李宏图译，上海三联书店，2003，第21页。
③ 应奇、刘训练编《第三种自由》，东方出版社，2006，第121页。
④ 〔英〕昆廷·斯金纳：《马基雅维里》，王锐生、张阳译，中国工人出版社，1985，第159页。

法律的根本功能在于将公民从他们自利的枷锁中解放出来，并通过强制达到他们自由的目的。法律能改变人性的腐化状态，强制人们采取符合德行的行动，确保自由与公共善。按照斯金纳的说法，自由的反面并不是干涉或障碍，而是奴役或依附。与此相应，法律的强制非但不会减损个人自由，反而是个人自由不可或缺的基础。

斯金纳认为，法律并不完全像契约论者所说的那样，"法律本质上是通过强制他人来维持我们的自由"，相反，在共和主义者看来，"法律不仅仅是通过强制他人来维持自由，而且也通过直接强制我们每个人按照某种特定的方式行动来维持自由"[1]。也就是说，法律也被用来强制我们摆脱习惯性的利己行为模式，充分履行我们的公民义务，以此确保我们个人自由赖以为基础的自由国家本身能够免受奴役。在斯金纳看来，共和主义实施法律的正当理由和自由主义截然不同。共和主义的法律的正当理由与保护个人权利无关，个人权利甚至在古典共和主义者马基雅维里的著作中也没有出现过。在共和主义者眼里，实施法律的最主要的理由是，为了维护一个自由国家的制度而强制人们采取某种行动，法律创造并保护了一定程度的个人自由；而一旦丧失了这种自由，人们将迅速陷入绝对受奴役的境地[2]。

斯金纳对马基雅维里的人性本恶理论非常赞同。"谁要想建立一国家并制定法律，他必须先假定人天生是邪恶的。他们一有机会就会展示出他们邪恶的本性。"[3]"关于人类，一般可以这样说：

---

[1] 马德普等编《中西政治文化论丛》第 4 辑，天津人民出版社，2004，第 195 页。
[2] 应奇、刘训练编《公民共和主义》，东方出版社，2006，第 75 页。
[3] 〔英〕昆廷·斯金纳：《马基雅维里》，王锐生、张阳译，中国工人出版社，1985，第 76 页

他们是忘恩负义、容易变心的,是伪装者、冒牌货,是逃避风险、追逐利益的。"[1]"所有人都是恶的,只要一有机会就会将心中的恶念付之于行动。"[2]

斯金纳指出:"腐化意味着我们忘记了——或者说没有能够领会——与我们利益休戚相关的,我们应牢记的一些东西:如果我们想在政治社会中尽可能地享有自由,那么我们有充分的理由,把公共利益置于个人利益或集团利益之上。简而言之,腐化就是理性的一种失败,即没有认识到我们的自由取决于一种美德的生活和公共服务的生活。"[3]

基于人性的腐化和堕落,斯金纳主张法律是共和国存在的核心,是自由存在的前提,认为只有法律才能确保共和国的公共善与个人自由的实现。由于人天生有腐化和堕落的倾向,所以,法律可以也必须被运用来"强迫"公民自由。个人的消极自由通过公民奉献公共规则和公共善来得以完成,法律的功能并不是通过塑造公民德行来彻底改变其腐化堕落的本性,而是将追求个人利益可能导致的腐化堕落的结果加以调解,并引导到公共利益的轨道上去。一方面,公民被强制也是为了认同和维护他们的共同自由,从而维护个人的自由;另一方面,法律可以抑制一些有野心的公民或权贵建立专制或暴政来侵犯公民的自由。法律,也只有法律,才能使公民的消极自由得以实现和维持,才能让公民享受到真真切切的自由。没有法律,自由最终会因为美德的消逝而日趋腐化,个人的消极自由也最终会消失殆尽。法律的运用不仅可以强制公民去追求共和国的公共之善,而且能够通过这种强制最

---

[1] 〔意〕马基雅维里:《君主论》,潘汉典译,商务印书馆,2005,第80页。
[2] 〔意〕马基雅维里:《论李维》,上海人民出版社,2005,第3页。
[3] 许纪霖主编《共和、社群与公民》,江苏人民出版社,2004,第76页。

终实现公民的消极自由，而这在斯金纳看来是法律的最终价值。

斯金纳的国家观在某种程度上继承了共和主义的一般概念，比如对公共利益的强调、对混合均衡政体的设计、法治与宪政等。所以，从这个意义上说，斯金纳的国家理论在大体上是归属于共和主义的。但是，斯金纳是一个主张创新的学者，而且他在思想上确实有自己独到的想法，深刻的洞见，这是他的伟大之处。

斯金纳对国家概念的历史进行了详细的追溯，开拓了国家理论研究的新范式。以往的学者研究国家理论大多是把先前的名人著作列举出来，作一个系统的阐述，然后建构一个所谓的有创新的观点，而斯金纳却独辟蹊径，做了常人难以想象的工作：追溯国家的概念形成的过程。毫无疑问，这个工程比之于那种所谓的理论建构是更加艰难的，需要查阅的文献也相当的浩瀚。基于历史学家的渊博，斯金纳最后写出了国家概念的形成史、发展史，并使一些谬种流传、以讹传讹的概念和观点得以纠正，也为国家理论的研究开拓了一条新的路径。

斯金纳认为，国家是逻辑优先的，但国家不是目的，目的还是公民的权利和自由，在这个意义上国家的独立和自由是个人自由的前提。也正因为这样，我们才能够说君士坦丁堡的个人自由当然要比路加城的人的自由少，因为君士坦丁堡的个人自由完全依赖于统治者的善良意志，在那里除君主之外，其他人的自由随时随地都有被剥夺的可能[①]。

本章对共和主义的传统国家观进行了一个简单的介绍，并将其与斯金纳的国家理论合并在一起，目的是进行一个简单的比较，

---

① 参见陈伟《试论西方古典共和主义政治哲学的基本理念》，《复旦学报》2004年第5期。

证明斯金纳国家观与传统观点的异同，以及它们内在的传承与拓展。斯金纳的国家理论对当代国家研究的作用是巨大的，这尤其体现在《近代政治思想的基础》一书中。他所做的工作艰辛繁杂，对国家的概念史进行了细致、缜密的考察，并以大量的文史资料佐证，得出了令人叹服的一系列有关国家的理论。正是由于斯金纳的努力，那些当时所产生今天仍在发生重大影响的政治词语和概念（例如国家）的误解才得以澄清，才不至于谬种流传。

第五章

斯金纳的自由理论

"自由"是人类孜孜不倦的追求,"是古代历史和现代历史的一个共同主题:无论是哪一个民族、哪一个时代、哪一个宗教、哪一种哲学、哪一种科学,都离不开这个主题"[①]。但是,"自由"这个概念本身又歧义百出。一般而言,现代自由主义对于何为"自由"没有一个比较明确的界定,我们平时所言的自由一般强调的是"政治自由",也就是人们在政治和社会层面上的自由,是比较狭隘的自由概念。有史以来,人类在何为自由的问题上各执己见,时至今日仍聚讼纷纭,难以定论。围绕自由的争论,是西方政治学乐此不疲的永恒主题。如何构建一个可以交流的平台?如何确立一个大家都一致认同的概念的基本范畴?是自由哲学至关重要的课题。本章就自由理论展开论述,就斯金纳的自由理论以及自由主义、共和主义的自由进行理论上的比较分析。

---

① 〔英〕阿克顿:《自由与权力》,侯健、范亚峰译,商务印书馆,2001,第307页。

第一节　自由的二元界分

何为"自由"？这从来就是一个难以厘定概念的理论难题，每个人都有自己的看法和界定。诚如阿克顿勋爵所言："人们给自由所下的定义多种多样——这表明：在对自由的认识上，无论是在热爱自由的人们当中，还是在厌恶自由的人们之中，持有相同概念的人微乎其微。"①阿克顿勋爵指出，他所说的"自由"是指这样一种保障："个人在尽其信奉的义务时，皆应受到保护，不受权力和多数、习惯和意见的影响。"②阿尔杰农·西德尼则认为："自由就在于独立于他人的意志，我们所理解的奴隶就是一个不能处置自己人身与财物的人，他只能根据其主人的意志享有一切……即使他服务于世界上最善良、最温和的主人也仍然是一个奴隶，与他服务于最残暴的人没有两样。"③

一　伯林关于自由理论的二元划分

1958 年，以赛亚·伯林④当选为牛津社会与政治理论齐契利教授时，发表了著名的就职演说，那就是被后人称为最有分量的

---

① 〔英〕阿克顿：《自由与权力》，侯健、范亚峰译，商务印书馆，2001，第 307 页。
② 〔英〕阿克顿：《自由与权力》，侯健、范亚峰译，商务印书馆，2001，第 32 页。
③ Algernon Sidney, *Discourses Concerning Government*, Cambridge Scholars Publishing, 2009.
④ 以赛亚·伯林（Isaiah Berlin, 1909~1998 年），英国著名思想史家，长期在牛津大学任教授，生于 1909 年 6 月 6 日俄罗斯帝国的里加（现在的拉维亚首府）。俄罗斯革命震撼了幼小的伯林，这是他以后思考自由、平等等思想的最初动力。1920 年，伯林随家人移民到英国，1935 年获牛津大学硕士学位，1957 年被授予爵士称号，1971 年获英国功绩勋章奖。

单篇论文《两种自由概念》。这篇文章一经发表就在西方理论界掀起了轩然大波。在当时,《两种自由概念》与《自由秩序原理》《开放社会及其敌人》《极权主义民主的起源》一起被人们视为古典自由主义复兴的标志①。"在政治哲学的复兴中起到了重要而显著的作用,几乎在顷刻之间,它已成为大学生和研究生阅读目录中的主要篇目,直到现在仍是如此。"②伯林在这篇文章里把自由划分为两种类型:积极自由、消极自由。由于他的这种区分具有比较强的说服力,因而得到了大部分人的认同,成了后人分析自由的一个平台。"自 1958 年出版以来,一直在英语世界的政治哲学家们关于政治自由的所有争论中占有压倒性的地位。尽管批评之声此起彼伏,但它仍然是我们的大多数论证的分析基础。"③

按照斯金纳的看法,对于两种自由的划分,其实最早见之于霍布斯的《利维坦》,他在书中指出古代人的自由不是个人的自由,而是国家的自由。在他看来,所谓的自由应该是"在法律未加规定的一切行为中,人们有自由去做自己的理性认为最有利于自己的事情"④。但是,事实上,霍布斯的这种观点对伯林的影响不大。据伯林自己承认,直接对他思想有启发意义的是贡斯当⑤。他对贡斯当有关古代人自由和现代人自由的区分给予了非常高的评价:"没有人比本杰明·贡斯当对两种自由的冲突看得更清楚、

---

① Gray, *Liberalism*, Open University Press, p. 18.
② 达巍等编《消极自由有什么错》,文化艺术出版社,2001,第 143 页。
③ 应奇、刘训练编《第三种自由》,东方出版社,2006,第 354 页。
④ 〔英〕霍布斯:《利维坦》,黎思复、黎廷弼译,商务印书馆,1985,第 164 页。
⑤ 本杰明·贡斯当(1767~1830 年),法国著名思想家。出生于瑞士洛桑的一个胡格诺教派的家庭,早年丧母。他曾经在牛津、埃朗根和爱丁堡学习,深受亚当·斯密的影响,奠定了他的自由主义基础。1794 年,他在瑞士结识了斯塔尔夫人,于是逐渐进入法国政界,后来由于反对拿破仑而被放逐,1814 年回到巴黎。后来他当过法国国家议员,1830 年 11 月逝世,法国当局为他举行了隆重的国葬——由于他杰出的思想价值。

表达得更清晰。"①

贡斯当在他的文章中指出,古代人的自由观念和现代人的自由观念是不同的。贡斯当认为,古代人的自由"在于以集体的方式、直接形式完整主权的若干部分;诸如在广场协商战争与和平问题,与外国政府缔结联盟,投票表决法律并作出判决……然而,如果这就是古代人所谓的自由的话,他们亦承认个人对社群权威的完全服从是和这种集体性自由相容的。"②而现代人的自由概念是"只受法律制约、不因某个人或若干个人的专断意志而受到某种方式的逮捕、拘禁、处死或虐待的权利,它是每个人表达意见、选择并从事某一职业、支配甚至滥用财产的权利,是不必经过许可、不必说明动机或事由而迁徙的权利……最后,它是每个人通过选举全部或部分官员,或通过当权者或多或少不得不留意的代议制、申诉、要求等方式,对政府的行政施加某些影响的权利"③。在贡斯当看来,古代人的自由是人民直接参与政权的管理,这就是使个人服从于集体自由的古代人的自由的实质;而现代人的自由则有一种崭新的形式和内容,他们可以自由表达自己的意见,可以自由往来,可以按照自己的喜好生活,可以选择自己的信仰,决定自己的行动。如果说古代人的政治目的是使全体公民分享社会权力,那么现代人的政治目的则是通过代表机制保障公民私人的自由和财产安全。现代人的自由是在不伤害他人的前提下按照自己喜欢的生活方式享有自己的生活,个人独立是现代人权利的前提,任何人、任何组织不能要求现代人作出他所不愿意的牺牲,

---

① 〔英〕伯林:《自由论》,胡传胜译,译林出版社,2004,第236页。
② 〔法〕贡斯当:《古代人的自由与现代人的自由》,阎克文、刘满贵译,商务印书馆,2000,第26页。
③ 〔法〕贡斯当:《古代人的自由与现代人的自由》,阎克文、刘满贵译,商务印书馆,2000,第26页。

以实现政治自由。

而在伯林看来,积极自由使个人成为自己的主人。"我希望我的生活与决定取决于我自己,而不是取决于随便哪种外在的强制力。我希望成为我自己的而不是他人的意志活动的工具。我希望成为一个主体,而不是一个客体;希望被有理性、有意识的目的推动,而不是被外在的影响我的原因推动……希望是一个行为者,也就是说决定的而不是被决定的;是自我导向的,而不是如一个事物、一个动物、一个无力起到人的作用的奴隶那样只受外在自然或他人的作用。也就是说,我是能够领会我自己的目标和策略且能够实现它们的人。"①伯林对消极自由的推理是:"在没有他者(他人或其他团体、政府组织等)的干涉的情况下,我是自由的。"对伯林来说,消极自由是针对"行动者在何种限度以内应被允许不受他人干涉?"这个问题所给出的答案,简而言之,消极自由指的是"免于……的自由"(Freedom from),积极自由是指行动者"去做……的自由"(Freedom to)。

"Freedom 或 Liberty(我在同一个意义上使用这两个词)的政治含义中的第一种,(遵从许多先例)我将称作'消极自由',它回答这个问题:'主体(一个人或人的群体)被允许或必须被允许不受别人干涉地做他有能力做的事、成为他愿意成为的人的那个领域是什么?'第二种含义我将称作'积极自由',它回答这个问题:'什么东西或什么人,是决定某人做这个、成为这样而不是做那个、成为那样的那种控制或干涉的根源?'这两个问题是明显不同的,尽管对它们的回答有可能会是重叠的。"②

伯林进一步解释说:"如果我因他人的妨碍而不能做本来自己

---

① 〔英〕伯林:《自由论》,胡传胜译,译林出版社,2004,第200页。
② 〔英〕伯林:《自由论》,胡传胜译,译林出版社,2004,第189页。

可以做的事情，那我就是不自由的；如果这一领域完全是由他人规定的，那我就是被强制的，就是被奴役的。"①可见，在伯林的自由概念尤其是"消极自由"概念中，"强制"是有着重要意义的。"强制意味着在我可以以别的方式行事的领域，存在着别人的故意干涉。只有当你被人为地阻止达到某个目的的时候，你才能说缺乏政治权利或自由。"②当然，伯林也指出，这个"强制"并不能包括所有的"不能"，比如由于先天或后天造成的身体残疾而不具有的一些能力，它们便不能被认为是被剥夺了自由。

伯林所提出的消极自由与积极自由两种概念之间是有着非常巨大的差异的。"当我们试图回答'谁统治我？'或'谁告诉我我是什么不是什么、能做什么不能做什么？'，而不是回答'我能够自由地做或成为什么？'这个问题时，自由的'积极'含义就显露出来了……因为，在'消极'自由观念的拥护者眼中，正是这种'积极'自由的概念——不是'免于……'的自由，而是'去做……'的自由——导致一种规定好了的生活，并常常成为残酷暴政的华丽伪装。"③也就是说，"消极自由"更多的是要免于受到干涉，免于受到一种强制，免于外界的干扰，而得以最大限度地获得或实现个人的权利；而"积极自由"则更多的是一种积极主动地要求去做，"源于个体成为他自己的主人的愿望"④。显然，伯林本人实际上是支持"消极自由"的。因为，在他那里"消极自由"是不受干涉的，它能使个体成为一个"真实"自我，而"积极自由"并非如此。"这种实体可能被膨胀成某种超人的实体——

---

① 吴玉章：《论自由主义权利观》，中国人民公安大学出版社，1997，第75页。
② 〔英〕伯林：《自由论》，胡传胜译，译林出版社，2004，第190页。
③ 〔英〕伯林：《自由论》，胡传胜译，译林出版社，2004，第199~200页。
④ 〔英〕伯林：《自由论》，胡传胜译，译林出版社，2004，第200页。

国家、阶级、民族或者历史本身的象征……很容易把人格分裂为二：超验的、主导性的控制者，与需要加以约束并使其就范的欲望与激情的集合。"①

就伯林而言，所谓消极自由就是干涉的阙如。这个干涉是指一种或多或少是故意的干涉，它不仅仅指绑架或监禁之类的物质上的强制，而且包括口头的威胁那种强制（比如强盗持刀威胁你"要钱还是要命"等）。从消极自由的立场来看，我是自由的就等于是说没人干涉我的活动，也就是我享有不受阻碍和限制的选择权利。就消极自由而言，我不受干涉的领域越大，我的自由也就越广。尽管对消极自由的范畴主张各有区别，但大多数人承认：为了保护个人的自由范围"应该存在最低限度的、神圣不可侵犯的个人自由的领域……必须划定私人生活领域与公众权威的领域之间的界线"②。

伯林指出，消极自由、积极自由的作用是不同的。在他自己的立场，他是赞成消极自由的。他认为，如果没有消极自由，其他价值也都会化为乌有，因为没了去实践它们的机会，没有了各种机会，没有了各种相互歧异的价值，到头来就没有了生活。对自由主义者来说，人生的终极目标是追求消极自由。"政治权利（积极方面的自由）和参与政府的权利的主要价值，是作为保护他们所认定的终极价值，即个人自由的手段。"③

伯林区分了两种概念之后，认为积极自由的自主观念意味着将人性区分为理性和欲望两个部分，理性应当依据正确的原则来指导欲望的部分。在伯林看来，积极自由观是一种强调理性的自

---

① 〔英〕伯林：《自由论》，胡传胜译，译林出版社，2004，第203~204页。
② 〔英〕伯林：《自由论》，胡传胜译，译林出版社，2004，第192页。
③ 〔英〕伯林：《自由论》，胡传胜译，译林出版社，2004，第238页。

我实现或理性解放的学说,这和消极自由主张的障碍之不存是截然不同的。积极自由过分强调理性的指导功能,很容易由追求独立自由的理想转化为父权式的教化政治,很容易走向自由的反面:集权与暴政。因为积极自由要求的就不仅仅是干涉的阙如,不仅仅是放任自流,它还需要行动者采取积极的行动以实现自我控制或自主:积极自由认为"自由即自主",这个观念很容易造成自身的困境。首先,个人难免存在一些不理性的欲望、冲动和行为;其次,这种自主难免受到国家、教会等影响,从而导致那些声称掌握了人类真正目标的人和团体可能会不顾人类的真实愿望、理想愿景,自认为已掌握终极目标,以实现所谓的这个理想目标为借口去压制、压迫非中心化的人。在这里,强制、干涉还被人振振有词地说成"自由"。所以伯林认为,积极自由极可能打着理性的旗帜催生极权主义的恶果[1]。

二 古典共和主义的自由观

伯林对自由的二元划分给学术界提供了一个分析平台。自此以后,学界在论及自由的时候,言必谈消极、积极,言必称伯林。

并且,在这种自由二元划分之下,人们普遍认为自由主义主张消极自由,共和主义主张积极自由[2]。这种观点逐渐地变得约定成俗,成为一种思维定式,难以逆转。下面我们来看看传统共和主义者自己是如何看待自由的。

自亚里士多德以来,共和主义的信徒们都达成了一个大致的共识:共和主义是以积极自由为宗旨的。"人作为政治动物,只有在公共生活中履行积极的行动,他的本性才能日趋完善,而自由

---

[1] 〔英〕伯林:《自由论》,胡传胜译,译林出版社,2004,第200~204页。
[2] 例如,阿伦特、波考克、桑德尔、泰勒甚至哈贝马斯都持有这种观点。

就在于实现这种公共生活的障碍之阙如。因此,城邦所拥有的正是这种意义上的自由,作为公民就必须参与主权以实现统治与被统治。"①在古希腊,自由的含义首先是在公共生活或政治生活领域公民的自主与自治(政治自由)。城邦是公民的共同体,是一个平等的组织。城邦的每一个公民不仅是物质意义上的独立体,而且享受独立的公民权利。任何人不能高高在上地对公民进行统治,不能随意地处置他们的身体、财产,干涉他们的言行。人们把公共权力掌握在自己手里,定期集会,讨论、决定城邦的一切重大事务,日常事务则交与他们选举出来的官员来行使。但是,城邦的官员的权威不等同于家长、主人、君主的权威,仅仅是公民委托给他的有限权力,还得向公民负责,否则,公民有权收回这种权力。

阿伦特更是把自由和政治关联起来。她指出,自由仅仅存在于政治领域,除此之外没自由可言。"没有自由,我们所说的政治生活将是没有意义的,政治存在的理由是自由,它的经验领域是行动。"②在这里我们可以很清晰地看出,阿伦特是在把公民权视为自由的前提,人们参与政治不仅是公民权的体现也是出于对公民权的一种保护。"人民最终要求分享统治或者进入公共领域,这并不是出于他们对自由的渴望,而是出于他们对于拥有支配他们的生命和财产的权力的人的不信任。"③阿伦特认为:"在古希腊以及罗马,自由完全是一个政治概念,可以说是城市国家和公民权的核心。"④也就是说,自由首先是公民权、公民身份,而这种公民身

---

① Pocock, *Virtue: Commerce and Liberty*, Cambridge University Press, 1985, p.41.
② 〔美〕阿伦特:《人的条件》,竺乾威等译,上海人民出版社,1999,第24页。
③ 贺照田编《西方现代性的曲折与展开》,吉林人民出版社,2002,第375页。
④ 贺照田编《西方现代性的曲折与展开》,吉林人民出版社,2002,第382页。

份使他能够行动,离开居所,进入世界并且用语词和行动与其他人交往。

在《马基雅维里的时刻》中,波考克总结了共和主义的基本思想。他认为,古典共和主义是以亚里士多德的《政治学》为基础的,并具备以下几个特点:其一,公民身份是共同联合体和参与集体决策的前提;其二,自由、独立、拥有财产是公民的理想;其三,国内的稳定与和谐、保障免于受外部威胁之条件是自由的理想前提。波考克接受了古典共和主义政治自由观的通说,认为它是一种强调政治参与和公民德行的积极自由,共和主义与自由主义难以兼容,主张自由的条件是公民参与政治以及政治美德的培育。这就要求政府应该关心如何发挥公民参与政治的潜能,而公民美德也要求每个公民自觉、积极地参与政治,防止政治腐化。政府各个部门也应该相互牵制,防止权力集中,随意破坏公民的自由。为保护自由不受到侵害,国家必须制定宪法。对波考克而言,共和主义的重点乃是公民自治的政治共同体的存亡绝续,而不像自由主义者所强调的他者不能侵犯的权利。波考克援引了伯林的观点,并明确肯定共和主义的自由观是一种以政治参与为核心的积极自由,从而倾向于共和主义精神与自由主义如冰炭水火,是无法兼容的。

哈贝马斯认为,共和主义一直强调公民的公共自主优先于私人的自由,主张通过公民政治参与和政治交往来捍卫古代自由。按照共和主义的观点,政治的功能不仅仅在于管理,也是整个社会化进程的构成要素。"政治是一种道德生活关系的反思形式。政治是一种媒介,有了政治,自发的团结共同体的成员就可以意识到他们相互之间的依赖性,就可以作为公民把已有的相互承认的关系有意识、有意志地发展和塑造成为一个自由和平等的法人联合体。"①哈贝马斯认为，共和主义的自由观是主张积极自由的："共和主义认为，公民的地位不能按照消极自由的模式来确定，因为消极自由是私人所享有的……国家的存在，原本不是要保护平等的主体权利，而是要保障意见和意志形成过程中的包容性。在此过程中，自由而平等的公民会就大家共同关心的目的和规范达成共识，这样，共和主义理解的公民就远不是唯自己的利益是从了。"②

第二节　斯金纳的消极自由观

斯金纳关于自由的分析秉承了伯林的二元界分理论。不过，由于斯金纳研究的文本与方法不同，所以到了后期，斯金纳发觉伯林的理论越来越值得怀疑。在对自由理论进行了深入研究之后，斯金纳提出了一种令人耳目一新的自由理论：无依附自由。

一　共和主义的目的是消极自由

斯金纳以《论李维》的文本作为佐证，借助于对马基雅维里的研究，认为马基雅维里的共和主义自由观并不是学术界所一贯认为的积极自由，相反，马基雅维里是主张消极自由的。在马基雅维里的哲学里面，公民的积极参与、积极自由只不过是保护公民消极自由的工具和手段。对此，斯金纳明确指出："马基雅维里一开始就明确地说明了他所论及的个人自由的含义，他指的是没

---

① 〔德〕尤尔根·哈贝马斯：《包容他者》，曹卫东译，上海人民出版社，2002，第279页。
② 〔德〕尤尔根·哈贝马斯：《包容他者》，曹卫东译，上海人民出版社，2002，第281页。

有强制,尤其是没有其他社会成员对一个人独立行动以追求自身既定目标的能力所加的限制。我们一下就能看出,寓于'自由'一词的这种特定含义丝毫也不会令人感到陌生。说自由就是独立于其他社会成员,从而能够追求个人的目标。这等于说出了当代消极自由理论家所使用的最为人熟知的公式之一,而他们的基本分析框架看来根本不会引起马基雅维里的责难。"①

基于对历史文献的考察与反思,斯金纳认为,共和主义的作家们从来就没有诉诸一种积极的社会自由观。也就是说,他们从未论证说我们是具有某些终极目的的道德存在,因而唯有当这些目的得以实现时,我们才能最充分地享有自由。正如我们所看到的那样,他们持有一种纯粹的消极自由观,即自由就在于不受限制地实现我们的既定目标。而且,他们断言,对这些目标的具体规定必然违反人类欲望和目的的内在的多样性②。

通过研究可以发现,斯金纳是在区分消极自由和积极自由的基础上,试图把两者结合起来。斯金纳宣称,不管是积极自由还是消极自由,都误解了共和主义自由观的实质,因为这两个方面都假定了共和自由将个人自由与公共服务的德行相关联,预设了亚里士多德式的目的论以及共善理论。斯金纳认为,这个假定是错误的,因为亚里士多德的公民观并非共和主义的唯一可能形式。斯金纳认为,自由与政治参与、公民美德之间的关联并不像积极自由的鼓吹者想象的那样,前者是由后者构成的,依赖于后者的存在而存在,相反,自由是政治参与、公民的目的而不是其他。

斯金纳认为,共和主义者理解的个人自由就是一种消极自由。

---

① 〔英〕斯金纳:《消极自由的哲学与历史透视》,载达巍等编《消极自由有什么错》,文化艺术出版社,2001,第105页。
② 应奇、刘训练编《公民共和主义》,东方出版社,2006,第77页。

"简单地说，自由仅仅意味着不受限制地追求我们偶然为自己设定的任何目标。"①但是，和传统拥护消极自由的人不同，我们需要把积极参与政治、公共活动作为一项基本义务，只有这个义务得以履行，我们的自由才得以保障。所以，在某些情况下我们可以采取必要的强制措施，迫使某些人自由。

斯金纳试图证明的理论是：消极自由观念，也就是个人不受干涉而追求他们自己所选择的目标，是共和主义自由观的最终主张，支持他观点的主要文本来自马基雅维里的《论李维》。斯金纳是英语世界诠释马基雅维里政治思想的名家，若详细阅读其相关作品，可以看到他的分析有两种不同取向。较为常见的是传统史学分析方法，也就是剑桥学派所倡议的"语境主义"。斯金纳的《近代政治思想基础》一书有关马基雅维里思想的论述（上卷第四至六章），正是这种历史分析的代表。此外，斯金纳在讨论马基雅维里思想时，有时又刻意地从事典范建构，将其公民共和主义描绘成与近代霍布斯以及其后自由主义论述相抗衡的思想典范。第二种取向最明显的例证体现在其短文《马基雅维里与自由之维系》当中。这篇文章奠定了斯金纳其后一系列论著的基本格局，对我们了解其理论内涵而言，是一篇关键性的文本②。因为马基雅维里在书中强调贵族和平民之斗争乃是维系公共自由的主要因素，这两个阶级并不具有共享的伦理目标，马基雅维里的公民与社群观念不具有目的论色彩，从而颠覆了亚里士多德的公民理论，并成

---

① Gisela Bock (ed.), *Machiavelli and Republicanism*, Cambridge: CUP, pp. 293 – 309.
② Quentin Skinner, *Visions of Politics: Regarding Method*, Vol. 3, Cambridge University Press, 2002, pp. 160 – 185.

为斯金纳所欲发扬的理论传统①。

由此可见,斯金纳强调公民的积极参与、积极自由并不是为了积极自由本身,最终是为了公民消极自由的享有。在斯金纳看来,积极自由(公民的政治参与、美德等)是实现消极自由的途径和手段而不是目的,相对于消极自由而言,积极自由只具有工具性的色彩。

二 共和国是个人自由的前提

通过对马基雅维里的研究,斯金纳得出,只有在一个共和政体的自治形式下,个人的自由才能得到充分的保证。斯金纳认为,这个观点代表了所有古典共和主义公民理论的核心内容。自由的前提必然是共和国。"在这个共同体中,公民的意志——政治共同体的普遍意志——可以选择并决定任何目标,这些目标是作为一个整体的共同体所追求的。"②

国家的自由是指国家能够"摆脱一切外部奴役,并且能够按照自己的意志管理自己"③。"我们希望如何建立并维持一个自由的国家,以此来捍卫我们的个人自由而不至于沦为奴役状态呢?显然,这是一个关键性的问题,而我所谈及的这些作家在回答这一问题时提出了独具特色的主张——这一主张足以使他们成为独立的思想流派。一个自由的国家,他们论证说,从本质上说必须是李维、萨卢斯特、西塞罗他们所描述和赞美的共和国。"④这个共和国一定是这样的一种政制:只有在这种政制中,共同体才能在保

---

① 萧高彦:《斯金纳与当代共和主义之典范竞争》,(台北)《东吴政治学报》2002年第15期。
② 应奇、刘训练编《第三种自由》,东方出版社,2006,第120页。
③ 应奇、刘训练编《第三种自由》,东方出版社,2006,第120页。
④ 应奇、刘训练编《公民共和主义》,东方出版社,2006,第71页。

障其公民个人自由的同时获得强大①。

斯金纳认为,只有生活在共和政治体制下,才有希望保住公民个人的自由,而且只有共和国保持一种自由的状态,公民个人的自由才能得以保存。一旦一个政治共同体丧失了按照自己的普遍意志而行动的能力,开始屈从于其自身的野心勃勃的一个伟大者的意志或者一些野心勃勃的邻邦时,它的公民将发现自己成了他们主人实现目的的工具,因而将丧失他们追求自己目的的自由。因此,一个受奴役的共同体必然伴随着个人自由的丧失;相反,只有在一个自由的共和国当中,每个个人的自由才能得到保证②。

斯金纳认为,国家的首要任务之一应该是尊重和保护每一个公民的自由。国家有责任不仅仅只把它的公民从那种个人的压迫和依从中解放出来,还应阻止它的公共机构,哪怕是以一点点权力的名义在利用管理我们公共生活规则的过程中独断专行③。但是,公民积极参与政治,培育公民美德,也是维护国家自由的必要条件。换句话说,如果公民不积极参与政治生活,他们现在所享有的自由就会遭到专制或者其他权力滥用者的破坏,国家也会"国将不国",共和国最终会由于停滞和腐化而趋于灭亡。公民必须愿意亲自保卫他们自己的政体,时刻准备自愿参军作战。"如果我们不能像罗马人那样用自己的武器保护罗马的自由,如果我们没有时刻准备着以这种方式保卫祖国,我们就会被人征服并遭到奴役。"④斯金纳认为,只有在一个共和政体的自治形式下,个人的

---

① 应奇、刘训练编《公民共和主义》,东方出版社,2006,第72页。
② 〔英〕昆廷·斯金纳:《自由主义之前的自由》,李宏图译,上海三联书店,2003,第142页。
③ 〔英〕昆廷·斯金纳:《自由主义之前的自由》,李宏图译,上海三联书店,2003,第83页。
④ 达巍等编《消极自由有什么错》,文化艺术出版社,2001,第113页。

自由才能得到有效充分的保证。这一观点代表了所有古典共和主义公民理论的核心内容①。

在斯金纳看来,共和主义之所以强调自由国家的价值还因为自由国家比非自由国家能更容易地聚集财富和国家实力。除此之外,更重要的是,自由国家比非自由国家能更好地保证其公民的个人自由。在斯金纳看来,共和主义者为了维护自由,才需要把积极参与政治作为一项义务,甚至在必要时采取强制措施,强迫一些人自由。除此之外,美德也是保护自己自由的一个品质。因此,按照斯金纳的解释,共和主义并不是为了积极自由而主张积极自由、政治参与,自由和政治参与也不像传统共和主义学者所认为的那样(自由只是政治参与的一个目的和结果),政治参与是获得和维护自由的手段。正是基于此,共和主义者才强调自由国家的前提作用,但这种前提性无非功能性的,具有"工具性"的特点。

总而言之,斯金纳认为古典共和主义一般的逻辑就是,国家自由②先于个人自由,也就是说,离开了自由的国家,个人的自由也就无从谈起。当然,强调国家自由的前提作用也并不意味着古典共和主义否定个人自由,而共和主义比自由主义高明之处就在于共和主义者比自由主义者更明白这个道理:个人自由不是天赐的,而是要以人造的自由国家为制度前提,离开国家自由,自我陶醉式的自娱自乐的个人一己私欲之自由,既不可能也不可求。

---

① Walter Simon (ed.), *French Liberalism, 1789–1848*, New York, 1972, p.3.
② 国家自由首先是指不受到他国的控制,在主权上保持独立自主,其次是在国内保护每个公民不受到其他人的奴役和控制,经过公民一致认同的法律除外。卢梭曾说:"只要出现一个奴役他人的主人,此时便不再有共和政体了。而对共和国来说,侵犯其中的任何一个成员就不能不是在攻击整个的共同体。"参见〔法〕卢梭《社会契约论》,何兆武译,商务印书馆,1980,第27页。

三 个人自由的基础

（一）共善与美德

斯金纳认为："只有全心全意为共同体效劳的人才能确保他们自己的自由。"[①]斯金纳认为，在古典共和主义思想家看来，个人自由的最大化与对共善的追求不但不会抵触，反而是互补的。因为只有当公民不将个人对自由之追求凌驾于共善的维护之上时，完整的个人自由方有可能维系。假如个人自由之行使不以共善为基础，则会导致共和主义者所批判的腐化状态，而腐化的代价永远是自由之沦丧以及奴役[②]。

坚持以权利为王牌的自由主义在共和主义者看来无疑是认可我们作为公民的腐化：意味着一种非理性的自我毁灭形式；相反，我们必须认真对待我们的义务，不应该试图逃避任何超乎"社会生活最低限度要求"之外的事务。我们必须力求尽可能全心全意地履行我们的公共责任，这才是确保我们行将放弃之自由的唯一途径，而政治的理性就在于承认这一点[③]。

斯金纳认为，为了维护好国家自由与公民的自由，"人民必须将个人的和宗派的利益搁置一边，并逐渐将他们个人的幸福与整个城市的幸福等同起来"[④]。因为共善是个人自由的前提和保障，所以个人都应该积极履行公共责任，努力地促进公共利益。

斯金纳指出，任何人如果想确保享有其自由，那么对公共服

---

① 达巍等编《消极自由有什么错》，文化艺术出版社，2001，第113页。
② Chantal Mouffe (ed.), *Dimensions of Radical Democracy: Pluralism, Citizenship, Community*, Verso, 1992, p.221.
③ 应奇、刘训练编《第三种自由》，东方出版社，2006，第110~135页。
④ 〔英〕昆廷·斯金纳：《近代政治思想的基础》，奚瑞森、亚方译，商务印书馆，2002，第81页。

务的普遍信奉——一言以蔽之，即公民美德——就是必不可少的。仅仅依赖一个抽象的权利框架或他人的努力是不够的。高尚的美德应是每个公民个人为了有效投身公共事业所必备的品质，因而只有行为高尚的人才能确保自己的自由[①]。

斯金纳的美德与自由的关系可以归结为两点：一是个人自由只有在自治共同体中才能得到保证；二是自由以美德为前提，没有美德的人无所谓自由，只有具有美德和公共精神的人，才可能享有完全的自由[②]。依斯金纳之言，马基雅维里论证了公共美德与基督教时代旧道德之间没有必然的联系，他"不过将美德这个观念与在实践中拯救我们国家的生存和维护其自由所需要的一切品质等同起来"[③]。所以，斯金纳所认为的美德并不完全等同于美好的道德，而是包括能力、素质甚至还包括审慎、节制等含义的一些词语。可以这么说，凡是对共和国有所助益的在斯金纳那里都可以叫做"美德"。

斯金纳认为，共和主义作家们都强调公民德性对自由的重要性。如果想获得自由，那么就要时刻保持戒备、时刻提防，以防止某个人或某个组织获得过度的影响力。也就是说，要保持自由的生活方式，整个公民体就必须不断地监督并参与政治过程。诚如激进的爱尔兰法官约翰·古兰在1790年所说的名言："上帝把自由赋予人的条件就是人要永远地保持警惕。"[④]

(二) 物质基础

斯金纳还认为，自由需要一定的物质基础，自由的前提条件

[①] 达巍等编《消极自由有什么错》，文化艺术出版社，2001，第113页。
[②] Quentin Skinner, *Visions of Politics: Regarding Method*, Vol. 2, Cambridge University Press, 2002, p. 188.
[③] 〔英〕昆廷·斯金纳：《近代政治思想的基础》，奚瑞森、亚方译，商务印书馆，2002，第286页。
[④] 达巍等编《消极自由有什么错》，文化艺术出版社，2001，第136页。

是公民在物质上不必也不需要依附于任何他人。雇主之所以往往能通过某些手段来任意地干涉其雇员的事务（比如，就业是如此的紧张，被雇佣的前景是那么的黯淡，以至于雇主可以擅自改变既定的工作协议、恶化雇员的生活状态等），归根结底就在于雇员对雇主在经济上有强烈的依赖，没有雇主给的工资他就丧失了生存的物质基础，而被解雇的后果往往是很难再次就业，所以他们就不得不放弃部分的自由忍受雇主的非法或者不人道的剥夺和侵犯。所以，要想建构个人的自由、建构一个自由的社会，首要的是要在社会上建立一个能保证公民个人在经济上的最基本的"善"——基本的生活保障。比如，合理的失业救济的存在必然减少雇员忍受雇主任意干涉的可能性；出于同样的理由，雇主也必然降低其任意地、肆无忌惮地干涉雇员生活的能力。由此，公民的个人自由才能得以保持，自由社会才有可能实现。

（三）法律保障

斯金纳认为，共和主义关于法律和自由的关系与自由主义是有着巨大的区别的。比如，在霍布斯和洛克等人看来，个人的自由是一种自然占有物，是人们的一项财产。法律对自由的限制只有在如下的情形中才能体现合理性：如果法律被废止，那么实际的后果不是更大的自由，而是我们享受现有自由之安全的减少。所以，霍布斯和洛克等人认为，法律在本质上是通过强制他人来保护我们的自由。法律阻止他人干涉我们公允的权利和自由，帮助我们个人在自己的周围建立一个不容他人侵犯的屏障。与此同时，我们每个人也受到法律相同的制约，不能去侵犯他人的合法的权利和自由。而在共和主义者如马基雅维里看来，法律不仅仅通过强制他人的办法，而且通过直接强制我们每个人以某种特殊的方式采取行动的办法来保护我们的自由。也就是说，法律也被用来强制我们摆脱习惯性的利己行为模式,充分履行我们的公民义务,以此确保我们每个人的自由得以实现,免受奴役之苦[①]。

斯金纳赞成法治并不是因为法治不限制人们的自由,而是因为为了自由,法治的恶才不得不存在。当然,斯金纳和卢梭赞成自由的观点背道而驰,卢梭式的悖论认为相信法治是自我解放的一种形式。斯金纳主张,马基雅维里所采用的机制乃是建立法律作为自由的护卫者。斯金纳运用了卢梭的观念来诠释马基雅维里,又用马基雅维里的思想去分析卢梭:基于人性有着无法避免的腐化倾向,法律可以——也必须——被运用来强迫我们自由,法律是因为自由而限制自由,法律是自由的手段而非目的。

按照斯金纳的说法,个人自由或消极自由的反面并不是干涉或障碍,而是奴役或依附。与此相应,法律的强制非但不会减损个人自由,反而是个人自由不可或缺的基础。斯金纳认为,毋宁把法律视为解放的手段,用它来限制我们——假如我们的立法者明智的话——正是通过这样一种方式,我们从我们天生的自私强加给我们的束缚中解放了出来,我们通过被迫的方式赋予了自由[②]。

第三节 斯金纳的"无依附自由"

基于对自由概念的历史考察,以及对马基雅维里等学者的解读,斯金纳认为,自由并不是像人们传统所认为的是"干涉的阙如",自由的反面应该是奴役与依附,干涉只是次要的恶,依附之不存之日,才是自由得以享有之时,斯金纳由此提出了"无依附自由"理论。

[①] 应奇、刘训练编《第三种自由》,东方出版社,2006,第 110~135 页。
[②] Quentin Skinner, *Visions of Politics*:*Regarding Method*, Vol. 2, Cambridge University Press, 2002, p. 169.

一　自由不仅是"无干涉"更应是"无依附"

在《自由主义之前的自由》一书中，斯金纳补充和修正了自己先前的自由理论。他不再仅仅通过经验性的分析来支持他的自由理论，而是转向了对自由概念本身的研究。他认为，古典共和主义者主张对他人意志的依赖本身就是限制之源，也是限制的一种形式，而不是像自由主义者所说的只有强制和强制性威胁才叫做限制自由的形式。共和主义自由观认为，仅仅没有受到强制性干涉并不一定自由，个人要享有自由，就必须要求国家的政治制度不能允许任何人享有特权或超越法律的任意权力，人们不必依赖于任何人的意志——哪怕是善良的意志。在斯金纳看来，自由不仅指事实上的不受强制，而且指不受到任何可能的强制——这就要求摆脱对任何人的依赖状态。斯金纳认为，自由应该和"依附"联系在一起，自由首先是"不依附"。

在2001年"以赛亚·伯林纪念讲座"上的讲演中，斯金纳又进一步把自己的这种自由观概括为"第三种自由"。有了第三种自由的名称，接下来斯金纳就对它进行了具体的阐述。他认为，消极自由的反面并不是积极自由，也不是干涉或障碍，而是奴役或依附，自由不仅是"无干涉"，更应是"无依附"。

斯金纳认为，"自由"不仅仅指行动者可以不受外来强制而实现自己的目标，更表现为主体能避免"依附"，即处于一种"非奴役"的状态。这也是斯金纳"第三种自由"的核心观念。这一点可以通过他对新罗马自由理论家们[①]的思想所进行的考证体现出

[①] 在斯金纳前期的很多作品中运用的大多是"共和主义"一词，但是考虑到君主制是否被彻底否定等问题后，他在来来的部分著作（特别是《自由主义之前的自由》）中运用了"新罗马"加以区别。此处选用了"新罗马"一词，但在本书的其他部分由于所论及的内容不同也会涉及"共和主义"一词的使用。

来:"对一个个体而言,他所忍受的丧失自由的痛苦的含义,就是使他成为一个奴隶。对一个国家或一个民族来说,保有或丧失其自由的含义是什么,这一问题正好可以用沦为一种奴役状态是什么含义的术语来分析。"①"一个奴隶是一种典型——一个罗马公民的孩子是另一种典型。一些人缺少自由源于这样的事实:他们是'某些人权利的附属',并常常是在另一个人的'权力支配下'。"②

斯金纳指出,如果你要拥有你的自由,你首先必须是独立、自主的,必须确保你生活在一个没有任何专断和强制的政治制度之下,只有这样,你的自由才有可能摆脱某个统治者或其他统治机关的善良意志。也就是说,你必须生活在一个法律制定权掌握在全体公民手中的这样一个国度,统治者被剥夺了任何强制、控制他人的权力,你才不会沦落到屈从于他人的意志,沦落到奴隶状态,只有这样你才是自由的。也就是说,除非你生活在一种自治共和国的体制下,否则,你定将作为一个奴隶而存在。

"这就是说,如果你生活在允许在法律之外运用任何形式特权或专断权力的政府之下,你已经是作为一个奴隶而生存了。你的统治者也许不会选择运用上述的那些权力,或可能十分亲切地运用这些权力来关心你的个人自由。这样,也许你在实际上还依然充分享有你的公民权利,但事实上,你的统治者拥有着如此专断的权力就意味着,你持续享有的公民权利在任何时候都仅仅存在于对他们善良意志的依赖。这就是说,你仍旧是臣民,或者说在任何时候你的行动的权利都有可能被剥夺掉,就像我们已经解释

---

① 〔英〕昆廷·斯金纳:《自由主义之前的自由》,李宏图译,上海三联书店,2003,第26页。
② 〔英〕昆廷·斯金纳:《自由主义之前的自由》,李宏图译,上海三联书店,2003,第29页。

过的那样,这无异于是生活在一种被奴役的状态之中。"①

斯金纳认为,按照新罗马自由理论家们的观点,就个人自由来讲,当个人处在这样一种奴役状态时,即对国家或某个人的意志的依从状态时,那么就可以说个人自由受到了剥夺。"如果国家(或你的公民同伴)使用权力强迫或强制使你做出法律既不要求也未禁止的任何行动(或克制其行动),那么你的自由自然受到了剥夺。"②按斯金纳的话说,此时个人并非一定要忍受某种公开的强制,但他已经落到了一种政治依从的状态③。

根据这种解释,不自由不仅被认为是强制的产物,而且是依从的结果,因为生活在依从状态下本身就是强制的源泉和一种形式,就意味着不仅你的自由的保障被缩减,而且自由本身也不存在了④。斯金纳认为,要剥夺你的公民自由,你并非必然要遭到公开的强制,如果你纯粹落到了一种政治依从或依从的状态,你也就将变得不自由了⑤。

二 "第三种自由":"无支配"还是"无依附"

(一)佩迪特的"无支配自由"

澳大利亚政治学家佩迪特根据斯金纳的自由理论提出了共和主义"无支配自由"理论,日益受到学界的认同。佩迪特坦陈其

---

① 〔英〕昆廷·斯金纳:《自由主义之前的自由》,李宏图译,上海三联书店,2003,第 48~49 页。
② 〔英〕昆廷·斯金纳:《自由主义之前的自由》,李宏图译,上海三联书店,2003,第 47 页。
③ 〔英〕昆廷·斯金纳:《自由主义之前的自由》,李宏图译,上海三联书店,2003,第 48~49 页。
④ 〔英〕昆廷·斯金纳:《自由主义之前的自由》,李宏图译,上海三联书店,2003,第 146 页。
⑤ 〔英〕昆廷·斯金纳:《自由主义之前的自由》,李宏图译,上海三联书店,2003,第 48 页。

理论源自斯金纳:"我依赖于近来的一种历史研究和历史解释传统,它尤其体现在昆廷·斯金纳的作品中。"[1]所以,笔者在此作一个简约的介绍和比较,以期更好地理解和定位斯金纳自由理论。

佩迪特首先认为,贡斯当、伯林关于消极自由和积极自由的划分在政治思想中产生了恶劣的影响,制造了哲学上的错觉,即认为只存在两种理解自由的方式:一种是自由在于个人选择的外部障碍的阙如,另一种是自由在于拥有并且通常是实践能够培育自主、自我实现的能力,拥有和实践那些参与能力和投票能力——这样个人就可以通过形成一种共同的普遍意志来实现与他人的团结。与这种消极、积极的二元划分相对应的是,这种划分还维系着这样的一种历史叙事:古代的人都通过公民身份、参与等来获得他们的自由;现代人则放弃了公共参与的理想,支持一个私人活动领域的自由理想。

在佩迪特看来,诸如此类的划分是错误的和误导性的,尤其是它忽视了一种全然不同的理解自由和自由制度的方式,掩盖了对消极自由两种不同观念的一种更为重要的区分,并使得我们无法认识到自由主义者强调的只是消极自由观念中的一种,掩盖了第三种方式在哲学上的有效性和历史上的真实性。佩迪特认为,在消极自由与积极自由之外,还存在"无支配自由"。干涉与支配可以存在以下几种状态:其一,没有干涉,没有支配,两种理想两全其美;其二,既有干涉,又有支配,两种理想两败俱伤;其三,无干涉的支配(无支配的理想得不到落实);其四,无支配的干涉(无干涉的理想得不到落实)。佩迪特把消极自由、积极自由

---

[1] 应奇、刘训练编《第三种自由》,东方出版社,2006,第183页。

之外的第三种路径视为共和主义的路径①,并称之为"无支配自由"。

佩迪特指出,支配与干涉是不同的。支配最典型的体现在主人与奴隶的关系上,这种关系意味着支配者可以专断地干预被支配者的选择,尤其是他可以进行干预,而无须考虑对方的利益或观点。因此,支配者可以任意地、随心所欲地实施干涉:他们不必请示任何人,也不必担心受到惩罚。支配不同于干涉,可以存在无干涉的支配,也可以存在无支配的干涉②。比如,我可能是他人的一个奴隶,但实际上我的选择没有受到任何干预。这可能是因为我的主人是一个仁慈的人,没有颐指气使的坏脾气;也可能是因为我很狡猾,或者我对我的主人极尽溜须拍马之能事,结果得以随心所欲。就我有一个主人而言,我受到了支配,但就这个主人无法实施干预而言,我没有受到干涉。

佩迪特指出,同我可能处于无干涉的支配之下一样,我也可能在不受到支配的情况下(不涉及奴役或屈从状态)受到干涉。设想这样一种情形:当且仅当对我的干涉是为了保证我的进一步利益,并且是根据我所受到的观点而实施时,他人或行动者对我的干涉就是可取的。只有符合这个条件,他们才能实施干预,否则的话,他们的干预就会受到制止或者会因为图谋实施干涉而受到威慑性的惩罚。可能有第三方在监督人们的行为,也可能由我自己来捍卫。在这样的情况下,我们就不可能把干涉视为一种支配行为。有人对我进行了干预,但并非出于专断的目的,我们所

---

① 〔澳〕菲利普·佩迪特:《共和主义——一种关于自由与政府的理论》,刘训练译,凤凰出版传媒集团、江苏人民出版社,2006,第24页。
② 〔澳〕菲利普·佩迪特:《共和主义——一种关于自由与政府的理论》,刘训练译,凤凰出版传媒集团、江苏人民出版社,2006,第28页。

设想的这个人与我发生了联系，但不是作为一个主人；作为行动者，他更像我事务上的一个代理人。无干涉的支配和无支配的干涉事实上都存在，前一种可能的实例是没有进行干预的主人，后一种可能的实例是无支配的干涉者。没有干涉也会出现支配，因为支配的条件只是某人拥有任意干涉你事务的能力，而不是事实上的干预。在无支配的状态下也会出现干涉，因为干涉并不一定就是专断的干涉，它仅仅是一种强迫能力的实施。

佩迪特试图论证的是，在无干涉与自我控制这两种理想的二分法之间仍然留有空间，并且事实上显然是为第三种可能性即无支配的理想留下了空间。佩迪特认为，共和主义关注的不是积极意义上的自由，而是与干涉相对立意义上的自由；不是无干涉的自由，而是无支配的自由。其论据如下：首先，与现代的方式形成鲜明对比的是，在共和主义传统中，自由是根据自由和奴役、公民和奴隶的对立来定义的。自由的条件可以通过一个人的这样一种身份来说明：与奴隶不同，他不会服从于其他人专断的权力，也就是说，他没有受到其他人的支配。因此，自由的条件可以通过这样一种方式来说明：即使事实上没有受到任何干涉，自由也可能丧失；无干涉的奴役和支配是可能的，比如没有实施干预的主人。其次，在共和主义传统中，自由可以通过这样一种方式得到说明，即不仅在没有受到实际干涉的情况下可能丧失自由，而且，非控制的干涉者所实施的干预也没有使人变得不自由。正如我们将要看到的那样，共和主义者所设想的非控制的干涉者就是一个秩序良好的共和国的法律和政府[①]。

由此，菲利普·佩迪特突破了自由的传统两极划分（积极自

---

① 〔澳〕菲利普·佩迪特：《共和主义——一种关于自由与政府的理论》，刘训练译，凤凰出版传媒集团、江苏人民出版社，2006，第40~41页。

由和消极自由），提出了第三种自由理论——无支配自由。菲利普·佩迪特指出将自由视为无干涉的消极自由观和将自由视为自治的积极自由观并不是唯一可供选择的自由理想。理想的自由观应该是将自由视为无支配，它要求没有人能够在一种专断的基础上——随心所欲地——干涉自由人的选择。奴役代表着所有各种权力关系、所有支配和依附关系，这种关系就像奴隶制度一样，会把人带入被控制的他治状态，而这是作为一个共和主义者所不能容忍的结局。在奴隶状态中，即使奴隶主没有施加任何的干涉，他那种控制和支配奴隶的权力也是客观存在的。奴隶的暂时自由并不能保证长期的自由，即使在奴隶主没有施加干涉的时候奴隶也还是惴惴不安的，因为他得随时面对那不可预测的、不知何时到来的责罚与鞭挞。菲利普·佩迪特认为，国家只有在每个人都成为平等公民的情况下，才能有自由和民主，唯其如此，一个国家方能成其为共和国。作为共和主义者看待自由的方式还应该体现在如下的事实中，即他们并不认为一个非主人式的、非支配性的干涉者的存在会威胁人们的自由；在这样一种情形中，存在干涉，但自由没有丧失，他们相信法律可能成为非专断的，并且代表这种类型的一个非主人式的干涉者。

除此之外，我们承认自由在于无支配，那么法律创造了人民的自由这个共和主义的观点就具有非常重要的意义，良好的法律可以使人民免于被支配，可以保护他们抵制那些会对他们行使专断权力的人或所有权；同时，它们本身不会引入任何新的支配性力量，不会引入任何与政府的统治权相一致的支配形式。尽管法律也是一种干涉，而且本质上是强制性的，但这种干涉和强制不是专断的，它有合法的来源，符合全体公民的共同利益。

所以，佩迪特认为："民主参与对一个共和主义者来说可能是不可或缺的，但这只是因为他是促进无支配自由的必要条件，而不是因为其独立的吸引力，它不像一种积极的自由观所认为的那样，自由就是民主参与的权利。"[1]佩迪特认为，民主是自由的保障，而不是自由的核心[2]。一个民族拥有的政治自由、民主参与越多，他们的消极自由就越安全、越有保障。"我们所认同的共和主义传统并不是那种根本上属于民粹主义的传统，这一传统将人们的民主参与视为善的最高形式之一，并经常以一种社群主义的方式，对通常作为大众参与之先决条件的封闭的同质化社会表现出热切的渴望……共和主义的自由是一种社群主义的理想，但它与现代多元主义的社会是相容的。"[3]

(二) "无依附自由"与"无支配自由"的比较

斯金纳和佩迪特在自由理论上相互影响着对方，两者都站在共和主义的阵营，对自由主义进行了抨击，但他们之间也有着理论上的分歧，各执己见。首先，他们的理论所包含的内容是不同的；其次，他们对于法律的看法也相差甚远。

1. 自由的内涵不同

在当代共和主义者之间，尤其是在斯金纳和佩迪特之间，关于什么是"不自由"的看法是有所不同的。佩迪特认为："不自由仅仅来自于支配或者依附。"斯金纳则认为，自由就是非依附、非强制、非干涉。在斯金纳看来，自由解释为"无支配"是不对的，而应该被解释为"无依附"和"无干涉"，因为"根据新罗马自

---

[1] 〔澳〕菲利普·佩迪特:《共和主义——一种关于自由与政府的理论》，刘训练译，凤凰出版传媒集团、江苏人民出版社，2006，第11页。
[2] 〔澳〕菲利普·佩迪特:《共和主义——一种关于自由与政府的理论》，刘训练译，凤凰出版传媒集团、江苏人民出版社，2006，第39页。
[3] 〔澳〕菲利普·佩迪特:《共和主义——一种关于自由与政府的理论》，刘训练译，凤凰出版传媒集团、江苏人民出版社，2006，第11页。

由理论家的理论,意味着导致不自由的要么来自于干涉,要么来自于依附,这对我来说仿佛是正确的"①。

在干涉与支配可能存在的四种状态中,佩迪特只把第二项、第三项看做共和主义所认为的"不自由"。而斯金纳却把第二项、第三项和第四项都看做处于"不自由"状态。由于共和国的法律不是对公民的任意支配,只是干涉,所以在佩迪特眼里法律只属于第四种状态,并没有导致"不自由"。而在斯金纳看来,共和国的法律虽然不是任意干涉,但既然也是一种干涉,那它就会导致不自由。

事实上,在自由理论上斯金纳和佩迪特是在相互影响着对方。佩迪特在写《共和主义》的时候就指出,斯金纳对他的启发是巨大的,而斯金纳在进一步阐述他的无依附自由的时候也指出:"迄今为止,这些著作家中最重要的是菲利普·佩迪特。他最初在他的《共和主义》一书中提出这个论证,佩迪特的著作是非常重要的,我从中获益匪浅,但我不能同意他的如下看法,他认为伯林的论证后果是'遮蔽'了消极自由在于——用佩迪特的术语来说——不受到支配而不是不受到干涉的理论。"②可佩迪特却不那么认为,佩迪特认为自己与斯金纳的无依附自由没有什么实质的区别,斯金纳的"无依附"实际上就是"无支配"③。

斯金纳却认为,自己和佩迪特存在很大的差异,对于这个差异斯金纳从来就没有妥协过。斯金纳认为,自己和佩迪特之间的观点存在根本的不同,而佩迪特却认为那不是什么无法填补的鸿

---

① 〔英〕昆廷·斯金纳:《自由主义之前的自由》,李宏图译,上海三联书店,2003,第58页。
② 马德普等编《中西政治文化论丛》第4辑,天津人民出版社,2004,第99页。
③ 〔澳〕菲利普·佩迪特:《共和主义——一种关于自由与政府的理论》,刘训练译,凤凰出版传媒集团、江苏人民出版社,2006,第392页。

沟，只是微小的不同。斯金纳指出，共和主义与自由主义的分歧不在于如何确保自由的可靠，而在于什么是强制。共和主义者很难接受古典自由主义的假设：暴力的作用或者说暴力的强制性威胁，构成了干涉个人自由的强制的唯一形式。相反，共和主义者认为，生活在依附状态之中本身就是强制的一种来源和形式，只要你承认自己生活在这样一种状态中，那么它本身就对你构成了强制，使你无法实现一系列的公民权利。所以，斯金纳说，不自由要么来自干涉要么来自依附①。而佩迪特认为不自由仅仅来自支配或者依附。

事实上，斯金纳的"无依附"与佩迪特的"无支配"的意义是基本相同的，只是包含的内容有所不同。比如，斯金纳的自由理论把干涉也包含进来，哪怕是没有依附的干涉，而佩迪特却拒绝这么做。在佩迪特看来，不自由只能来自支配或依附。佩迪特认为，自由首先应该是无支配。佩迪特认为，生活在一种支配的状态下人就没有自由可言，而干涉只是一种次要的恶，它可能不会对自由构成威胁，可能不会成为支配，但仍然也是一种对自由的约束。

经过理论的争辩与思考，佩迪特最终认为，他和斯金纳的基本观点是一致的，只是在理解层次上不同。"我的路径使本质上比较复杂的共和主义自由理想在第一层面上拒斥了任何形式的支配，并在第二层面上拒斥了任何限制不受支配之选择的范围或增加其难度的方式，不管它来自于自然的障碍还是实际上源自于自身的局限。一旦理解了这一点，斯金纳与我之间的分歧就没有那么大了。他为共和主义自由找到了一个在水平上比较复杂的对立面：

---

① 应奇、刘训练编《公民共和主义》，东方出版社，2006，第147页。

支配与干涉；相反，我找到了一个在垂直上比较复杂的对立面：首先是支配，其次是包括干涉在内的限制性因素。"①

斯金纳认为，一个公民自由的程度将由在追求他所选择的目的上受到或不会受到任意行为的强制来衡量②。干涉或依附都是不自由的根源，而不只是支配或依附。

2. 法律对于自由是构成性的还是工具性的

为了更好地说明自己的观点，佩迪特进行了例证："第一种假想的情形以良好的法治为代表，其中人民受到法律实施的非专横的干涉，没有受到任何人支配；第二种假想的情形以一个极为仁慈的主人的统治为代表，他没有对属下实施任何干涉，但他仍然保留了一种对他们的生活进行无限干涉的权力。对于这两种假想的情形，确定无疑的是，传统的共和主义者将宁愿选择前者。他们热情地歌颂法治——法律的帝国而不是人的帝国，并对任何形式的控制或支配保持一种毫不动摇的敌意，不管这种控制或支配有如何仁慈。"③

斯金纳则认为："佩迪特把'共和主义者'自由的捍卫者的观点归结为：因为仅仅专横的控制限制了个人的自由，服从你把你的同意所赋予其上的法律的行为是'完全与自由相一致的'，我现在所研究的这些作家们从未论述过这样的悖论。对于他们来说，在法律的统治和君主个人特权式的政府之间的不同并不是前者让你充分保有了个人的自由，后者则没有；而是前者仅仅强制你，

---

① 应奇、刘训练编《公民共和主义》，东方出版社，2006，第139页。
② 〔英〕昆廷·斯金纳：《自由主义之前的自由》，李宏图译，上海三联书店，2003，第58页。
③ 应奇、刘训练编《公民共和主义》，东方出版社，2006，第139页。

后者只留给了你一个依从的地位。"①

斯金纳指出,在霍布斯和洛克等人看来,法律在本质上就通过强制他人来保护我们的自由。法律阻止他人干涉我们公认的权利,帮助我们在自己的周围划出一个不容他人侵犯的界限。与此同时,法律通过同样的办法阻止我们去干涉他人的自由。相反,对于马基雅维里这样的理论家而言,法律不仅仅通过强制他人的办法,而且通过直接强制我们每个人以某种特殊的方式采取行动的办法来保护我们的自由。也就是说,法律也被用来强制我们摆脱习惯性的利己行为模式,充分履行我们的公民义务,以此确保我们个人自由赖以为基础的自由国家本身能够免受奴役②。

佩迪特认为,法律是一种无支配的干涉,代表了一种干涉,但是它并没有危及人们的自由,它是一个非控制的干涉者。这种良好的法律创造了公民所享有的自由。他们甚至不认为法律对人们进行了强制,因而减少了他们的自由,但它带来的损害却由于防止了更多的干涉而得到补偿。他们坚持认为,制定良好的法律是自由的构成要素,他们对任何关于补偿的说法不以为然③。

佩迪特认为,共和国的法律并不会影响公民的自由,但前提是法律代表了人民的共同利益和思想观念,并符合一种理想法的形象,即只有当它们没有成为任何个人或群体之专断意志的工具时,它们才能做到这一点。相反,如果法律成为国王或君主的工具,那么广大公民将沦为奴隶,因为他们每一个人将生活在其主人的意志之下,处在受支配的阴影之中。"如果法律仅仅是为了使

---

① 〔英〕昆廷·斯金纳:《自由主义之前的自由》,李宏图译,上海三联书店,2003,第58页。
② 应奇、刘训练编《第三种自由》,东方出版社,2006,第125页。
③ 〔澳〕菲利普·佩迪特:《共和主义——一种关于自由与政府的理论》,刘训练译,凤凰出版传媒集团、江苏人民出版社,2006,第46页。

我们不致堕入泥淖和悬崖,那么就不应当被称作限制……法律的目的不是废除或限制自由,而是保护和扩大自由。"①

我们承认自由在于无支配,那么法律创造了人民的自由这个共和主义的观点就具有非常重要的意义。良好的法律可以使人民免于被支配,可以保护他们抵制那些会对他们行使专断权力的人或所有权。同时,它们本身不会引入任何新的支配性力量,不会引入任何与政府的统治权相一致的支配形式。尽管法律也是一种干涉,而且本质上是强制性的,但这种干涉和强制不是专断的,它有合法的来源,符合全体公民的共同利益。

但是,斯金纳认为,尽管一种非专横的法律不会变成支配性的或对人们的自由构成威胁,但它确实不可避免地要限制自由,限制生活在法律之下的人不受控制的选择范围。所以,在斯金纳看来,法律只是为了自由而存在的一种必要的"恶"。而在佩迪特看来,斯金纳是在将所有形式的支配与所有形式的干涉——包括一种良好法律实施的非专断的干涉——一视同仁地加以拒斥②。

总的来说,我们可以这样理解,佩迪特认为法律是自由的一部分,法律不但没有防止自由,反而创造了自由,内在地构成了自由的条件,而斯金纳认为法律是工具性的,我们之所以需要法律的存在并不是因为法律本身的善,而是因为法律是达到自由的一种手段和途径,法律只是自由的工具性要求。我们可以清楚地看到斯金纳并没有提出自由的构成性要求③。

---

① 马德普等编《中西政治文化论丛》第 4 辑,天津人民出版社,2004,第 141 页。
② 〔澳〕菲利普·佩迪特:《共和主义——一种关于自由与政府的理论》,刘训练译,凤凰出版传媒集团、江苏人民出版社,2006,第 392 页。
③ 马德普等编《中西政治文化论丛》第 4 辑,天津人民出版社,2004,第 198 页。

对于"无依附"与"无支配"之间的争论,莫里奇奥·维罗里认为,对于共和主义的自由理论在哲学上的建树,佩迪特要稍胜一筹,因为维罗里也"相信,认为首要的目标是(摆脱)支配而不是强制的说法更好地描述了共和主义的政治轮廓"①。当代学界现在比较公认佩迪特的观点,但即使是这样,我们也不能抹杀斯金纳在这个理论上的巨大贡献。正如阿兰·博耶所说,共和主义的复兴关键还是斯金纳等人的功劳,佩迪特只是在哲学上作了一个比较系统的建构。

第四节 斯金纳自由观的理论困境

一 难以超越的二元划分

"第三种自由"实际上已经陷入了某种僵局:他们既想继续运用伯林的概念架构表达超出伯林视野的洞见,又没有对伯林的理论前提作出彻底的重新审查,甚至未能对伯林思想的内在紧张提出有说服力的诠释。这不但表现在他们把伯林的洞见简单地还原为冷战时代的意识形态需要,听任其表面上各不相同的论题处于经不起推敲的并行不悖的状态,而且表现在他们忽而把自己倡导的自由概念等同于伯林意义上的消极自由,忽而又把它与伯林的两种自由区分开来,自命为"第三种自由",最后又在肯定第三种自由是一种独立的自由概念的同时,仍然把它理解为消极自由,尽管是不同于伯林意义上的消极自由。在我们看来,第三种自由的倡导者不但生硬地肢解了伯林的思想,严重地误解了自己的主张,而且遮掩了理解自由或第三种自由概念的另一条更有前景的

---

① 应奇、刘训练编《公民共和主义》,东方出版社,2006,第159页。

道路①。

在斯金纳看来,政治自由"是每个个人能够在他们的政治社会全体成员为他们设定的范围之内进行活动的自由度"②。斯金纳看到,新罗马法理论家在强调"积极自由"的时候并不反对"消极自由",而且始终赞同把一个人在追求自己选择的目标时是否受到任意行为的强制来作为自由的信条。他们承认,使用暴力或强制威胁必定应该是侵犯个人自由的举措。他们也认为,对不自由还存在另外一种可以选择的解释,那就是:不自由不仅是被人强制的产物,而且依从也属于此类。因为生活在依从状态本身就是强制的根源和一种潜在的形式,意味着你的自由保障的削减,自由本身就岌岌可危了。

所以斯金纳认为,这些新罗马法理论家早就试图把"积极自由"和"消极自由"结合到一起,因为他们已经看到对自由的维护不仅仅要靠"消极自由",也要依赖于"积极自由"。在私权和公权之间理所当然需要划一个边界,但与此同时,公民也必须积极参与到公共领域,参与政治,维护和保障共和主义政治。事实上,如果没有公民个人的自主和独立,没有公民积极参与公共事务,两者都会影响到自由的存亡绝续。没有公民的个人自由,那么自由就没有了主体,没有了公民的积极参与,自由就没有了保障。所以,我们在提倡"消极自由"的时候,一定也不要忘记了"积极自由"的积极作用。即使是"消极自由"的提倡者贡斯当,在19世纪也已经明白这个道理。他在论述古代自由和现代自由的时候指出,现代自由的危险在于,由于人们沉湎于追求各自的利益和快乐,而很容易放弃分享政治权力的权利,掌权者会迫切地

---

① 应奇:《论第三种自由》,《哲学研究》2004年第5期。
② 达巍等编《消极自由有什么错》,文化艺术出版社,2001,第92页。

鼓励人们这样去做。但是，如果政治权力的转移没有任何保障，它会给我们带来快乐吗？离开政治自由，我们从哪里寻找保障呢？放弃政治自由将是愚蠢的，正如一个人仅仅因为居住在一层楼上，便不管整座房子是否建立在沙滩上……我们的使命要求我们的不仅仅是追求快乐，还有自我发展；政治自由是上帝赋予我们的最有力、最有效的自我发展的手段。因此，我们必须学会将两种自由结合在一起①。

早在1984年，斯金纳在为哈佛大学演讲的时候就试图发展出一种独特的方式来处理消极自由与积极自由、个人权利与公民美德之间的悖论。后来，他在马基雅维里那里找到了智慧的源泉。斯金纳认为，古代的共和主义从来没有诉诸一种积极的社会自由观——他们持有一种纯粹的消极自由观，即自由就在于不受限制地实现我们既定的目标②。但是，这种维护消极自由的意思里面包含了积极参与的含义，因为只有在积极参与的国家中，公民的个人自由才能得以最大限度的保证。斯金纳反对自由主义的"权利优先于义务"，认为罗尔斯的正义理论也陷入了陈腐的假说：保障个人自由的最好方式是将社会责任要求降至最低。相反，斯金纳指出，通向个人自由的唯一途径是参与公共事务。

斯金纳要建构自己的自由观，面临着来自伯林的三个挑战。第一，伯林将积极自由诸多不良的政治后果归咎于其所预设的一元主义，而只有以多元主义为本的消极自由才有可能克服积极自由所主张的自我实现伦理以及教化政治。第二，伯林将共和主义传统的公民自治理念视为积极自由的一种形态，并强调民主参与

---

① 〔法〕贡斯当：《古代人的自由与现代人的自由》，阎克文、刘满贵译，商务印书馆，1999，第44~46页。
② 应奇、刘训练编《第三种自由》，东方出版社，2006，第127页。

与个人自由两者根本没有概念上的关联。第三，在两个传统中，法律扮演着完全不同的角色，在以消极自由为导向的社会中，法律的功能乃是规约不同个人形式自由时所可能产生的冲突，而在以积极自由作为构成原则的社群中，法律乃是合理的行为准则，因而被赋予了教化功能。两者的最大差异在于对强制的不同观点：对积极自由的主张者而言，教化性的强制并不违反自主性，反而是完成真实自由所不可或缺的手段。但是，对消极自由的主张者而言，法律的功能既非教化亦非解放，其强制性本质不可避免地会缩小消极自由的范围，虽然法律的有效运作能够增加消极自由的总量[①]。

然而，就第一个问题而言，斯金纳并未质疑伯林的分析框架，特别是伯林把积极自由和自我导向关联起来的理论前提。换言之，虽然斯金纳严厉批判伯林的自由理论，但他所主张的修正共和主义，却是在伯林的分析框架内所形成的理论设计。斯金纳的主要目标在于建立一个不受到干涉为导向的政治自由概念，能够维持共和主义传统所倡导的公民德行，却又同时排除积极自由的自我实现理念。

二 共和主义的典范之争

斯金纳反对把共和主义的自由观说成积极自由观，主张共和主义追求的是不受干涉的消极自由。斯金纳指出，相对于消极自由过分强调权利的观点，共和主义所注重的是公民美德，美德是自由得以维系的根本。但与此同时，斯金纳又认为美德必须通过强制法律加以塑造，而不是像一般所认为的那样在民主参与过程

[①] 参见萧高彦《斯金纳与当代共和主义之典范竞争》，（台北）《东吴政治学报》2002年第15期。

中培育发展，这导致了在当代共和论述中德行与法律何为核心的两种典范之竞争①。

(一) 斯金纳对法律优先的强调

斯金纳认为，共和主义的优越之处在于，个人的消极自由可以通过公民奉献于自由体制的共善而加以完成。要达到这个目标，最重要的机制便是强制性的法律，而这正是在斯金纳依典范建构取向所诠释的马基雅维里思想中最重要的议题。法律的重要性在于，它可以遏抑权贵者的野心，这种野心是造成自由政制腐化瓦解的主要原因。在自由国家之中，法律维系了公民的个人自由以及集体的政治自由，是共善的基础。所以，公民必须通过法律的强制才有可能获得真实的自由，因为其人类自然的天性很容易遭到腐化。假如没有法律的制衡作用，自由国家会因为公民德行的消逝而面临腐化的危险，个人的消极自由极有可能因此而完全丧失。

以法律之功能而言，斯金纳主张自利的公民必须被法律的力量所强制，才能采取符合公共德行的行为。法律的根本功能在于将公民由他们自利的枷锁中解放出来，并通过强制来创造公民自由的基础。换言之，法律扮演了塑造公民德行的积极角色。对马基雅维里一派的理论家而言，法律不是强制他人而保障了我们的自由，而是直接强制我们每一个人采取某些特定的行动方式。也就是说，法律被用于强制我们脱离惯性的自利行为形态，强制个人尽所有的公民义务，也因此能确保个人自由所依赖的自由政

---

① 参见萧高彦《斯金纳与当代共和主义之典范竞争》，(台北)《东吴政治学报》2002年第15期。

制，从而免于被奴役[1]。法律通过强制所有公民"采取某些特定的行动方式"而克服了他们的自然腐化倾向，而这种特定行动方式便构成了公民德行。换言之，法律能够改变人性的腐化状态，并强制公民采取符合德行的行动，以确保自由与共善。

法律的功能不但在于通过塑造公民德行来彻底改变公民的腐化倾向，而且将追求个人利益可能导致的腐化结果加以调解，并引导到公共利益的方向上来。公民所需要的仅为开明自利，也就是了解到法律的强制是为了维护他们的共同自由，而不是真正改变人的本性。

假如公民德行与共善构成了维系个人自由不可或缺的基础，那么公民就必须致力于维护这些构成其个人消极自由的制度性基础。当他们不如此行动时，便构成了腐化以及政治非理性的病征。在此种状态下，必须运用法律来强制公民追求共善，以同时保障其个人自由。斯金纳主张，共和主义论述，由于确立了这种义务优先于权利的原则，相较于自由主义过分强调个人权利的思考方式，更能确保个人自由所赖以存续的政治制度[2]。

在《自由主义之前的自由》一书中，斯金纳指出，共和体制需要公民德行以及共善的追求，但这与公民的根本人性有所抵触，因为马基雅维里悲观的人性论将腐化以及追求私利视为人性的本然。所以，共和主义有一个重要的宪政主张：假如公民德行应被鼓励，且公共自由能被维系，则需要有法律被设计出来，以强制人民脱离其自然但自我毁灭的倾向，因为这些倾向将损及维系其

---

[1] Skinner, *The Paradoxes of Political Liberty*, Salt Lake City: University of Utah Press, 1986, pp. 244–245.

[2] Chantal Mouffe (ed.), *Dimensions of Radical Democracy: Pluralism, Citizenship, Community*, Verso, 1992, p. 220.

自由的必要条件①。

（二）德行与法律何者优先

在共和主义传统中，政治自由的终极价值乃在于可通过公民自我统治的活动而发展公共德行。亚里士多德在《政治学》第三章所论述的公民理论以及"政治统治"的理念可以说是共和主义的思想渊源。而波考克也将他所描绘的"马基雅维里时刻"追溯到亚里士多德的公民理论②。波考克用"美德的政治化"这个核心概念来诠释共和主义的精义，强调共和主义思想家并不特别强调宪政法律的终极重要性。相反，无论是希腊城邦、罗马共和或马基雅维里的"秩序"观念，所表达的都是能让人类的德行以及行动自由等积极特质加以发展的政治领域。

波考克这种亚里士多德式的证明是斯金纳所无法采用的，因为我们已经看到，斯金纳完全接受伯林认为亚里士多德目的论与积极自由论述密不可分的论点。斯金纳尝试将马基雅维里自由论铺陈为消极自由的基本取向，使得他必须放弃亚里士多德的目的论以及幸福理论，另辟证明政治自由价值的途径。斯金纳似乎认为，共和主义传统将政治社群视为一个"政治体"的观点提供了另外一种证明自由价值的途径。他指出，共和主义传统将政治社群视为一个有机整体，并具有自身独立的意志，这与自由主义传统由程序或工具性的角度来分析社会的观点有着根本差异③。而政治自由的内在价值便可以通过政治体需要有独立自主的意志而加

---

① 萧高彦：《斯金纳与当代共和主义之典范竞争》，（台北）《东吴政治学报》2002 年第 15 期。
② Pocock, J. G. A., *The Machiavellian Moment*, Princeton: Princeton UP, pp. 66 - 75.
③ Quentin Skinner, *Visions of Politics: Regarding Method*, Vol. 3, Cambridge University Press, 2002, p. 211; Skinner, *The Paradoxes of Political Liberty*, Salt Lake City: University of Utah Press, 1986.

以证明。

传统共和主义及其代表西塞罗认为，正义是维系共和体制和谐的最重要的政治德行。斯金纳指出，马基雅维里拒斥了西塞罗将正义与共和政体的共善相关联的基本主张[①]，强调法律的作用。

然而，法律塑造公民德行的观点将导致一个重大的理论议题：这种观念取向将很难与积极自由论者的主张加以区别，特别是后者所主张的任性意志乃是人性的自然倾向，而真实的自由或自我决定必须通过理性的道德律令或者伦理生活之教化来克服任性意志才有可能达成。对于将共和自由视为积极自由的理论家而言，这并不构成任何的理论意义。然而，对斯金纳修正共和自由论的主旨（期望调和消极自由以及公民德行），却构成了重大的理论挑战。以斯金纳前述文本而言，公民德行作为所有公民均应采取的"某些特定行动方式"与泰勒所描述的"行动式"积极自由差异不大，因为两者均需要行动者克服当下的直接欲望去实现某种真正的自由[②]。

斯金纳的努力大致可以分为两个阶段：第一阶段的工作主要是通过对马基雅维里政治思想的解读，提炼出"工具性共和主义"论题，认为共和主义者所看重的自由实际上是消极自由，以政治参与为核心的积极自由只具有维护和促进消极自由的工具性价值，从而在把消极自由当成首要原则的同时，论证了古典共和主义的积极公民观与现代民主的兼容性。第二阶段的工作是对所谓的

[①] Quentin Skinner, *Visions of Politics: Regarding Method*, Vol. 3, Cambridge University Press, 2002, p. 205.
[②] 萧高彦：《斯金纳与当代共和主义之典范竞争》，（台北）《东吴政治学报》2002 年第 15 期。

"新罗马共和主义"加以阐发。在这一阶段,斯金纳把讨论的焦点从两种自由的工具性关系转移到消极自由、积极自由以及法律的关系上来。他指出,按照新罗马共和主义的理解,自由的反面不是干涉或障碍,而是奴役或依赖。与此相应,法律的强制非但不会减损个人的自由,反而是个人自由不可或缺的基础。斯金纳试图将波考克把共和主义与自由主义对立起来的传统看法进行修正,并在发展共和主义法律观方面进行大胆的探索。但是,无论是对于这种法律的根源或创制还是对于它的目的或功能,作为一名政治思想史家,斯金纳都并未提出有说服力的、首尾连贯的理论建构。在这个努力上,斯金纳又重蹈工具性共和主义的覆辙,并且陷入一种难以自拔的理论困境:一方面,消极自由需要法律来保护;另一方面,符合德性的公共服务、积极自由则需要法律来塑造和改造[①]。

若是果真如此,斯金纳对法律的推崇就使得他的共和主义理论面临一个困境:法律逻辑优先于德行还是相反?

斯金纳的自由理论无疑给沉闷的政治学界带来了一股清新的空气。贡斯当尤其是伯林的自由理论自发表以来,就一直占领着自由理论的制高点,人们不假思索地全盘接受,奉若圭臬。斯金纳却通过对古典的政治资料的考察分析,对它进行釜底抽薪,从它的基础进行攻击,胜败暂时撇开不说,单是他的这种理论勇气就可嘉可敬。

斯金纳指出,分析自由一定要放在一定的背景中去。他反对伯林那种忽视观念和概念历史维度的做法,认为步出历史河流去寻找自由的概念是不符合逻辑的,因而也是必须放弃的幻想。斯

---

① 〔澳〕菲利普·佩迪特:《共和主义——一种关于自由与政府的理论》,刘训练译,凤凰出版传媒集团、江苏人民出版社,2006,第3~4页。

金纳从自由的概念史入手，而不是从哲学上展开理论分析。"人们有理由发问，为什么我要在这个关切上去审视历史记录，而不想直接对消极自由观开展一项比较全面的哲学分析。我的回答并不是说，我认为这种纯概念的操作不值得考虑，相反，我认为它们是为当代争论作出最为深刻的独特贡献的标志。我的回答是，由于在研究社会政治概念的最佳方法问题上存在着广为流行的假定，这就会很容易而且是顺理成章地使人认为，可以按照一种陌生的方式一以贯之地使用一个概念，而不仅仅是指出它已经被投入了陌生但一以贯之的用法。"[1]

斯金纳认为，伯林以积极自由和消极自由来概括思想史上丰富多彩的自由观，不免过于简单。积极自由也不是唯一和美德相关的，在历史上，消极自由也和美德、公共政治联系得很紧密。斯金纳不满意伯林对自由的二元对立式的划分，反对以消极自由取代现代人对自由的规范意义上的理解。所以，斯金纳就努力去重新进入我们已经失去的知识界，质疑自由主义自由观独当一面的状况。

斯金纳认为，古典自由主义认为强制及强制性威胁是干预个人自由的唯一限制形式，而新罗马理论家则认为对他人意志的依赖本身就是限制之源，就是限制的一种形式。新罗马自由观认为，仅仅是没有受到强制性干涉还不是自由；个人要享有自由，还有更高的要求，即国家的政治体制不能允许任何人享有任何特权或超越法律的任意权力，人们不必依赖其意志（即使是善良的意志）。也就是说，自由不仅是指事实上不受到强制，而且指不会受到任何可能的强制[2]。

---

[1] Q. Skinner, *Liberty Before Liberalism*, Cambridge University Press, 2001, p. 18.
[2] 马德普等编《中西政治文化论丛》第 4 辑，天津人民出版社，2004，第 275 页。

斯金纳赞同马基雅维里的话，认为大部分人追求的并不是分享政治的自由，只有小部分人是为了政治而政治。"其他所有人——数不胜数——希望获得自由都是为了安全地生活。"[1]在共和主义的观念中，自由的对立面不是限制，而是奴役以及更普遍意义上的屈从状态。我们说一个人是自由的，就在于这个人可以自由地行动，不至于像奴隶那样受到他人的任意干涉、任意处置或影响。

斯金纳事实上并不否定个人权利与消极自由，但是不满足于消极自由，并试图用自己的新的理论去调和积极自由和消极自由的不可调和性。自由主义和共和主义的分歧并不在于是否尊重个人权利，而在于到底如何为权利辩护以及如何维护权利：前者将权利视为静态的，是坐享其成的；而后者则强调权利是动态的，应该通过努力和奋斗获得，这样才能持久地享有权利[2]。

斯金纳认为，在消极自由与公共服务之间存在自由主义者不愿意承认的更加密切的关系，那就是个人对于消极自由的信奉离不开积极的公共事务参与。换句话说，为了消极自由公民有积极参与政治的义务，积极参与公共事务不仅能促进消极自由的享有，更有助于防止自由制度的衰退腐化[3]。

由此，我们可以理解在现时代"消极自由"占领制高点的时代，为什么斯金纳要不遗余力地去挖掘思想资源，重新提出"积极自由"。

---

[1] 马德普等编《中西政治文化论丛》第4辑，天津人民出版社，2004，第139页。
[2] 刘训练《公民与共和》，天津师范大学博士学位论文，中外政治制度专业，2006，第83页。
[3] 马德普等编《中西政治文化论丛》第4辑，天津人民出版社，2004，第197页。

第六章

斯金纳与共和主义

现存的自由社会逐渐面临着许多困境和危机,自由主义的消极倾向使得个人处于一种散漫、孤独、无聊状态,公共领域的衰落、政治的冷淡,都强烈呼唤一种积极的理论来修正。从根本上来说,当代共和主义就是在对当代自由主义的反思中复兴起来的。在共和主义复兴的过程中,由于独特的阐述视角和理论创新,斯金纳功不可没。

第一节 共和主义的当代复兴

共和主义作为一个古老的传统曾经在历史上几乎销声匿迹。自由主义以权利、自由观念深入人心,共和主义的一些理论已不再对自由主义构成任何威胁,本身也遭到自由主义的排挤而退出了历史舞台。

一　共和主义在当代复兴的背景

20世纪中叶以来，共和主义又粉墨登场，并从各个方面对自由主义理论进行猛烈的抨击。共和主义的复兴构成了欧美最近二三十年来的一道新奇景观。由于这种复兴与以往的共和主义理论有若干分歧，所以学界纷纷把它命名为"新共和主义""公民人文主义""新罗马共和主义"等，以示它们与古典共和主义之间存在区别。但是，这些新的共和主义的出现又大多打着恢复古典共和主义传统的旗号，并声称是古典共和主义传统的重新发现，代表的就是古典共和主义，自己就是古典共和主义的嫡系传人。

共和主义的当代复兴可以视为现代性危机的必然。所谓现代性的危机是指现代社会在高度发展的同时引发了人类精神上的伦理价值等方面的危机。换句话说，就是现代的物质文明得到迅速的发展，但精神、文化方面却存在深刻的危机，繁荣的背后隐藏着崩溃。现代性的危机主要威胁来自自由主义的核心要素：个人主义、工具理性主义、享乐主义等。个人主义曾经是经济发展的主要动力，也是人类创新意识得以发展的必要条件之一，但它的过度膨胀造成了人与人的孤立，社会越来越原子化，人际关系冷漠，社会关系每况愈下，社会资源萎缩枯竭。加上享乐主义的盛行，工具理性的大行其道，人们的物质享受比以前发达，但精神方面却空虚堕落，对他人、外界、公共事务、政治参与缺乏应有的热情，从而让政府和官员获得了不受到监督的权力，沦为温和的专制主义。与此相应，个人在政府面前越来越感到渺小和无助，感觉自己无法影响国家、政府，干脆退守到自己的私人领域。

现代性的另一个特点就是政府机构的膨胀和扩张，政治生活日益复杂化，人口在不断增长，人们对公共物品的需要也在增长，这些都导致了政府机构的无限扩张。政治管理也日益复杂化且需要专门的知识和技能，这些都导致了公民参与政治的难度的增加。所以，即使政府在公民参与的方面创造了很多条件，现代信息的发展也为公民参与公共事务提供了便利，选举制度也趋于完善，但事实上，这些并没有带来民主参与的繁荣，而是相反。

功利主义盛行使人们眼里只有效率，每个人都忙于计算自己在利益上的得失，而忽视了德行的培养，社会道德日益沦落、败坏。人们只关心自己的私利不关心公共的福利，与此相应的就是近年来的公共生活的衰落。以美国为例，与20世纪60年代相比，公民参与投票率到1990年下降了几乎1/4，数以千万计的美国人放弃了作为公民最基本的投票权。有数据表明，参加过一次有关镇务或校务公共会议的美国人从1973年以来的22%下降到1993年的13%，幅度大于1/3；参加过一次政治集会或演讲会、在地方组织委员会任职或为一个政党而工作的美国人数量下降得更为厉害。在过去的20年中，每年都有数百万人脱离社区事务。同时，在罗帕组织的问卷调查中，回答说他们只是"有时"或"几乎从不"信任华盛顿政府的人数从1966年的30%上升到1992年的75%[①]。

桑德尔也描述过美国的这种政治画面。自由主义的天堂美国，出现了一个"悖论"：一方面美国是世界上无可争议的经济、军事大国；另一方面美国的犯罪、吸毒等现象也在世界"遥遥领先"。美国社会存在普遍的政治冷淡，自由市场意识的过度膨胀影响和降低了公民的责任意识和民主参与意识，而这些衰落必然会对民主本身构成巨大的威胁。

[①] 资料来源：朱世达、姬虹主编《美国市民社会研究》，中国社会科学出版社，2005，第110页。

这些景象让西方一些有识之士痛心疾首，继而振臂高呼，呼唤人们的德性，呼唤人们对公共事务的关注，呼唤人们心底的一种良知。于是，共和主义的复兴就顺应时代呼唤应运而生了！

面对自由政治的问题，当代政治哲学学者自然想起了古典城邦政治，尤其是亚里士多德。目前，这种反思大致可以分为两派：其一，以现代自由政治为基本立场，提出要以城邦政治价值作为补充公共精神的缺失，重振个人自由。这一倾向是两者中影响最大的，学界一般称其为现代共和主义，其代表首推斯金纳与波考克，又名"剑桥学派"或"共和史学派"。对于这一立场还可以补充入社群主义，代表人物如泰勒（Charles Taylor）与麦金太尔（A. MacIntyre）。其二，对现代自由政治立场提出某种修正，重提古典公民的德性行动，以与个人自由的行为方式相区别，学界多称之为"新亚里士多德主义"（Neo-Aristotelianism），这个学派流派众多，代表人物当推阿伦特。

综上可知，共和主义之所以能够实现当代复兴，主要是因为有了一个适宜生存和发展的土壤。在自由主义横行天下日久之后，社会也面临一个现实的问题：公民意识日益淡薄，奉献精神日益衰退，人与人之间的关系日益冷漠，社会日益松散瓦解，社会资源日渐枯竭，政治合法性日渐丧失，公共道德日渐沦丧，消费主义、享乐风气日渐滋长，与此相伴随的是社会整体幸福感下降，人与人之间的摩擦增多，社会日渐混乱无序，逐渐滑向野蛮、落后的社会，日渐堕落沦陷。在这样一个社会背景下，很多有识之士就试图通过重新阐述古典共和主义的观点来解决以上这些自由主义泛滥（至少在他们看来是如此）所带来的社会问题，通过复兴共和主义的古老传统来唤醒人们的美好记忆，来拯救这个日益沦丧的社会。

对此，美国学者迈克尔·桑德尔在《民主的不满》一书中讨论了类似的问题：在美国，自由主义取代了共和主义这个古老传统，程序民主大快人心，个人权利得到过分褒扬，自我形象日益膨胀。与此相应，却是人们日益远离公共生活，公民德性日益沦丧，政治行为失去号召力和合法性。同时，公民更加丧失对政府的信任和支持，对政府产生更大的不满——这就是桑德尔所揭示的"民主的不满"。

不可否认，社群主义在20世纪对自由主义的批判也是当代共和主义能够复兴的一个思想背景。而且，在某种程度上，共和主义还可以视为对社群主义的深化和拓展[1]。

现存的自由社会确实存在许多困境和危机，自由主义理论也存在内在的张力和矛盾，自由主义的自由的消极倾向带来了个人与社会的散漫、孤独、无聊，这些都是当代自由主义的弊端。从根本上来说，当代共和主义就是在反思这些弊端的过程中复兴起来的。

现代共和主义的一个目的就是，在个人主义盛行、泛滥的今天，重新唤起对亚里士多德的热情，重新唤起共和主义的理想。"我们假定人性有一种本质，而且它甚至是社会性的和政治性的。那么，这将得出一个几乎确定无疑的结论，即如果我们希望实现自己的本性，从而享有充分的自由，那么我们可能需要建立一种特殊形式的政治联合体，并且需要我们为之服务、为之保全。"[2]

共和主义的复兴反映了当代西方社会政治生活的变迁以及目前所面临的自由主义本身无法解决的深刻矛盾。可以毫不夸张地

---

[1] 马德普等编《中西政治文化论丛》第4辑，天津人民出版社，2004，第279页。
[2] 应奇、刘训练编《公民共和主义》，东方出版社，2006，第65页。

说，共和主义复兴运动已经成了西方近代学术近半个世纪以来最为引人注目的现象，引领了当今西方学术界的理论潮流。

当代研究者习惯于以下这个观点：共和主义的复兴可以区分为两种，一种是亚里士多德式的公民人文主义，另一种是工具论的共和主义[①]。当然，除此以外也有其他的分法，比如桑德尔就把他们分为强势的/本质论的共和主义、温和的/工具论的共和主义[②]。罗尔斯对它们作了一个比较清晰的概念界定，值得在此援引为证。罗尔斯认为，在公民人文主义看来，"人是一种社会的甚至是政治的动物，其本质属性在民主社会里得到了充分实现，在该民主社会中，人们广泛而坚实地参与政治活动。参与不是作为保护民主公民的基本自由所必需的，也不是作为诸多善中的一种而加以鼓励的，无论参与对许多个人来说有多么重要。相反，参与民主政治被看作是在善的生活中占据特权地位"[③]。但是，对于工具论的共和主义而言，"如果民主社会的公民们想要保持他们基本权利和自由，包括确保私生活自由的那些公民自由权，他们还必须既有高度的政治美德，又愿意参加公共生活……民主自由的安全需要那些拥有维护立宪政体所必需的政治美德和公民们的积极参与"[④]。

英国理论家赫尔德把共和主义划分为两种：发展式共和主义、保护式共和主义。前者的侧重点是政治参与美德的内在价值，认为人是政治动物，参与是他的本质属性的体现和满足，政治参与本身就是生活的必要的组成部分；后者侧重于强调自由、公民利

[①] 也有人把公民人文主义叫做"新雅典共和主义"，工具论的共和主义有时也被称为"新罗马共和主义"，但"新罗马共和主义"相对来说更强调法律的作用与功能。当然，这都是大概的划分，而且界限并不分明，内容交叉复杂。
[②] 马德普等编《中西政治文化论丛》第4辑，天津人民出版社，2004，第26页。
[③] 〔美〕罗尔斯：《政治自由主义》，万俊人译，译林出版社，2000，第219页。
[④] 〔美〕罗尔斯：《政治自由主义》，万俊人译，译林出版社，2000，第218页。

益才是最终目标,政治参与、协商都只是在为了这个目的服务时才具有价值。换句话说,保护性共和主义把参与视为一种工具、手段,而不是人本性的东西①。

按照佩迪特的观点,当代共和主义也可分为两种。他在《共和主义》一书中把当代西方流传的共和主义分为两个派系:一派是以阿伦特、桑德尔为代表的"新雅典共和主义"(Neo-Athenian Republicanism),他们主要崇奉亚里士多德和卢梭的学说;另一派是以斯金纳等人为代表的"新罗马共和主义"(Neo-Roman Republicanism),他们比较崇奉罗马伦理学家、历史学家以及马基雅维里②。

不过,不管是新雅典共和主义还是新罗马共和主义,不管是强势的/本质论的共和主义还是温和的/工具论的共和主义,不管是保护式的共和主义还是发展式的共和主义,它们都在强调公正平等、民主参与和公共美德,而这些都是源于古典共和主义的。所以,不管是新雅典共和主义还是新罗马共和主义,不管是保护式的共和主义还是发展式的共和主义,它们都从不同角度重新挖掘和阐发了古典共和主义的深刻内涵。它们的最基本理念是一致的,都是站在自由主义的反面立场来批判自由主义并试图取而代之。它主要折射了一个这样的社会问题:在日益全球化的今天,个人自由何以可能?国家的合法性何以可能?美德的不沦丧何以可能?当代共和主义者认为,这些都是自由主义所无法解决的问题,所以才会导致"民主的不满"。基于此,共和主义者试图通过发掘和改造共和主义这个古老传统,让它重新焕发生机,重振共

---

① 〔英〕赫尔德:《民主的模式》,燕继荣译,中央编译出版社,1998,第56~57页。
② 〔澳〕菲利普·佩迪特:《共和主义——一种关于自由与政府的理论》,刘训练译,凤凰出版传媒集团、江苏人民出版社,2006,第48~49页。

和主义雄风。

当代共和主义的两种类型分歧的一个重要根源在于古典共和主义存在很多自身难以克服的分歧和多重性：第一，古代的共和主义缺乏一种统一的理论起点，它建立在多重的，或许是彼此无法通约的基础之上。第二，各种相互竞争的古典共和主义之间的鸿沟，也表现在中世纪晚期思想家（如帕多瓦的马西利乌斯和库萨的尼古拉）之间。第三，共和主义理论的多重性还导致了早期近代共和主义思想在复兴过程中出现分歧。尼德尔曼指出，任何人，只要考察一下西方共和主义话语（无论是古代的还是现代的），就会发现并不存在某种一以贯之的理论，而是各种不同的路径同时处于一种尴尬的张力之中[①]。

二 斯金纳在共和主义复兴中的作用

斯金纳的共和主义思想对古典共和主义的复兴具体表现在哪些方面呢？它发掘出了古典共和主义的哪些资源？对于这个问题，我们可以大致这样看待：

第一，它在某种程度上又把共和主义这个传统凸显在大家的面前，让共和主义受到它曾经受到但中断已久的关注。

第二，这种新共和主义的口号首先是自由，而这种自由观特别强调国家的自由，以用来对抗自由主义强调的个人自由。古典共和主义者一向认为国家自由是优先于个人自由的，没有自由的国家，个人自由就无从谈起，而自由主义者却并不认为如此。在他们的论辩中，有一个共和主义内部的争论：共和主义的自由到底是无干涉的自由还是无支配的自由？这两者有本质区别吗？如果有，那么本

[①] 复旦大学思想史研究中心主编《共和主义：古典与现代》，上海世纪出版集团、上海人民出版社，2006，第158页。

质区别又在哪里？在诸如此类的论辩和思考之中，使学界重新又关注到古典共和主义自由的真实内涵，并投身于它的研究中去。

第三，新共和主义在某种程度上也复兴了关于政体的一种久违的关注。共和主义主张混合政体，也有人认为是混合均衡政体，主张分权制衡、限制政权的这些思想又重新被纳入人们的眼界。

第四，恢复了对公共美德的一种美好记忆和重新关注。自由主义主张权利而忽视了美德，斯金纳的努力让美德理论重新进入了人们的视野，尤其是他对美德独特的马基雅维里色调的定义，也引起了不少人的争议和不解。

事实上，新共和主义继承了古典共和主义的很多要素，比如自由、平等、政治共同体、美德、责任、共同善、政治参与、协商等。虽然在这些问题的细节上他们有许多不同，但血脉是相同的，仍有脉络可寻。在共和主义看来，在政治生活中，共同善或公共利益是所有公民追求的目标，公民美德是动力，公民责任是手段，协商、对话是解决问题的有效途径，政治参与是美德的重要表现，也是自由得以保全的必要基础。

总而言之，不管以斯金纳为首的新共和主义者以何种形式来护卫自己的嫡系身份，内部如何矛盾重重，但他们复兴古典共和主义这个初衷是一致的，取得的成就也是有目共睹的。虽然他们没有在政治上得以推行自己的制度设计，但引起了人们对社会政治生活的重新思考，掀起了共和主义思想的又一次高潮，带来了古典共和主义的当代复兴，这是功不可没的。法国学者阿兰·博耶认为："共和主义的复兴要归功于政治观念史家，特别是约翰·波考克和昆廷·斯金纳。"[1]

---

[1] 应奇、刘训练编《公民共和主义》，东方出版社，2006，第10页。

第二节　古典共和主义的重新阐发与修正

一　古典共和主义的重新阐发

斯金纳的共和主义是古典的回归吗？斯金纳在谈到正义、共同善与自由何者优先的时候，曾经指出他的论证要回归到古典共和主义那里。他认为，只有回归到古典共和主义才能解决当今面临的理论矛盾。"回到并理解古典共和主义可以使我们认识到在关于正义、自由以及共同善的理想之间的一种不太熟悉但却可能正确的联系。"[1]所以，在斯金纳看来，他的共和主义理论是在恢复传统的典范，是古典共和主义的回归。

但是，斯金纳在学问上是主张创新的："这世界上已有数量惊人的著作，如果我们的著作不能有所创新，那我们肯定不应该将它出版。作者在开始挥笔之日，便应该是洛阳纸贵之时。"[2]创新是研究的最高境界，但创新同时也意味着对所讨论的问题进行重写或者修正。在这个意义上，斯金纳所谓的对古典的回归似乎没有他所说的那么简单。即使他自己那么认为，但事实上他很难保证他的"回归"不是一种创造，因为他很难真实地回归到当时的历史语境中去。所以，凯瑞·帕罗内认为，用"修正主义"一词来概括斯金纳从20世纪70年代以来的努力是再好不过的了[3]。在《自由主义之前的自由》一书中，斯金纳用新罗马的称呼取代了共

---

[1]　达巍等编《消极自由有什么错》，文化艺术出版社，2001，第132页。
[2]　〔芬兰〕凯瑞·帕罗内：《昆廷·斯金纳思想研究》，李宏图、胡传胜译，华东师范大学出版社，2005，第1页。
[3]　〔芬兰〕凯瑞·帕罗内：《昆廷·斯金纳思想研究》，李宏图、胡传胜译，华东师范大学出版社，2005，第1页。

和主义者的称呼，一个主要原因是他研究的 17 世纪的作家们并不是严格的反君主制者。此外，当我们看到斯金纳现在甚至都把马基雅维里当成一个新罗马的自由的理论家来提及时，也就离开了佩迪特将他归入共和主义伙伴的做法①。

古典共和主义的复兴当然是与斯金纳分不开的，虽然身为历史学家，但他在政治学领域的造诣也登峰造极。首先，他发掘了古典共和主义未被大家重视的文本，使古典共和主义的许多理论受到大家的重新审视；其次，斯金纳的努力促进了新共和主义的复兴和发展。

但是，斯金纳的共和主义是古典共和主义吗？很多学者认为，斯金纳的共和主义并非真正的古典共和主义，他所主张的"公民人文主义"和古典人文主义的精神无法相提并论。斯金纳主要是想克服自由主义者的消极公民思想，他与自由主义政治的底色和基础是一致的，只能被视为对自由主义某种程度上的修正。在道德与法律问题的争论中，他最终与自由派政治妥协，认为政治自由应该在合法性与政治制度内寻找②。

对于共和主义的复兴或者回归，斯金纳的巨大作用是毋庸置疑的，但是他的理论有别于古典的共和主义（虽然他说他的就是古典的共和主义）。他到底是在回归古典还是移花接木来借古人宣扬他自己的理论以获得更大的合法性认同？如果是回归，那么他如何保证自己言论的古典嫡系血统？如果不能，那么他的所作所为又意味着什么？正如唐·赫佐在《共和主义者的问题》中所言：

---

① 〔芬兰〕凯瑞·帕罗内：《昆廷·斯金纳思想研究》，李宏图、胡传胜译，华东师范大学出版社，2005，第 128 页。
② 复旦大学思想史研究中心主编《共和主义：古典与现代》，上海世纪出版集团、上海人民出版社，2006，第 222~223 页。

"斯金纳完全能够以自己的名义提出这种论证,他不需要隐藏在马基雅维里的宽袍大氅背后。"但是,斯金纳的行为却着实让人生疑,因为他曾经有言:"很容易看出,主张一个概念可能会被以一种不那么熟悉的方式驾轻就熟地使用,远不如这样一种做法更加让人信服,即证明它已经具有了不那么熟悉的融会贯通的用法。"[1]而且,斯金纳主张的消极自由以及他认为美德只能由法律来规训而不能靠民主参与来培养的观点,造成了共和主义美德与法律的二重典范冲突。在斯金纳看来,共和主义思想家从来没有诉诸"积极"的社会自由观。也就是说,他们从来没有论证我们是特定目的的道德存在,我们不是在这目的实现的时候才有了自由。斯金纳认为,共和主义一直主张的是消极自由观。斯金纳对消极自由的特别强调到底是对共和主义的维护、回归抑或是修正?他对消极自由的追求是恢复了古典共和主义还是滑向了后自由主义?

斯金纳对自由主义的批判以及对共和主义的恢复受到了当代哲学界的广泛关注。他的共和主义思想引起了国际政治学界对此课题的聚讼纷纭。他自认是古典共和主义的复兴却被他人视为一种"新共和主义",而且事实上,他的共和主义思想和古典的共和主义传统思想是有差别的。首先,传统的共和主义主要是作为形式上和君主制的对立而言,主张建立一个民选的定期任命的政府而不是世袭的统治者;其次,古典共和主义强调一种治理设计上的混合、分权制衡、法治等,而斯金纳的共和主义主要是"一种强调平等、政治参与和公共精神的政治模式。它区别于以个人取

---

[1] Skinner, "The Idea of Negative Liberty", in R. Rorty et al. (eds.), *Philosophy in Context*, Cambridge University Press, 1994.

向为特征的自由主义和包含着权威政策的社会主义"①。客观地说，斯金纳强调的公民身份、政治参与、自治、公民美德等词语都是古典共和主义的应有之义，就这个意义来说，斯金纳的思想确实和古典共和主义是血脉相连的。所以，有学者就说："当代共和主义的任务不是追根溯源：它与其说是被发现的，不如说是被制造的。"②

斯金纳是回归传统还是移花接木？这个问题似乎难以定论，但有一点是确定的。唐·赫佐（Don Herzog）在20世纪80年代曾经撰文指出，公民人文主义（共和主义的别称）的发现和发展是政治思想史最近25年来出现的最引人注目的修正③。严格地说，无论斯金纳本人如何认为，我们对他的定论就是：对古典的重新阐发——修正。

二 "后自由主义"的政治言说

17世纪以来，自由主义便在西方理论界占据了绝对的主导地位，任何一种思想流派的产生或者复兴都以它为背景：不是为了替代它就是为了补充和完善它。共和主义的复兴也是如此。但是，在当今社会，多元主义已经深入人心，自由主义已经在人们的思想中深深扎根，而所有这些都必然影响到共和主义，与共和主义相互渗透、相互纠缠。在这种背景下，共和主义的复兴当然不可能是古典共和主义的简单重述，而只能是一种更深层次的重构。换句话说，那种古典的共和主义既然曾经遭到历史的淘汰，那么

---

① 邓正来等译《布莱克维尔政治学百科全书》，中国政法大学出版社，2002，第698页。
② 马德普主编《中西政治文化论丛》第4辑，天津人民出版社，2004，第270页。
③ Don Herzog, "Some Questions for Republicans", *Political Theory*, (14) 2004, p. 3.

现在把它原封不动地搬出来又焉能应对这变幻万千的世界？所以，为了避免古典共和主义因无法应对当今复杂问题而面临的衰落景象，就必须对古典共和主义进行现代性的改造，吸收自由主义的某些积极的成果，并力图超越自由主义进而取而代之。所以，在这个意义上我们说，当代共和主义的复兴不是"古典共和主义"的，也不是"前自由主义"的，而是"后自由主义"的。

所谓"后自由主义"可以这样理解：它以自由主义为基础，却又是对自由主义的批判，但归根结底，它还是属于自由主义的范畴，只是在某种程度上"修正"或"批判"了自由主义的某些弊端，并没有从根本上否定、推翻自由主义。换句话说，它不可能是自由主义的替代，而只能是所谓的补充或纠偏匡正。

斯金纳的共和主义思想一开始就面临着这样一种理论困境：它要提倡一种本质上不同于自由主义传统的自由观，那么他们需要更多地倾向于"新雅典式的"积极自由观念，但也必须为此担负它与现代性条件相抵触的所有困难以及付出可能的危险代价。但是，如果要避免这种代价，他们的新罗马式的消极自由观念就与自由主义传统不再具有哲学意义上的差别。

自从新共和主义在20世纪70~80年代崛起以来，以权利为基石的自由主义和个人主义遭到的批判日盛一日，僵硬、极端的消极自由立场已经越来越难以得到严格的坚持，因为消极自由的出现本身是以自由社会的存在为前提条件的，把自由社会当成不言而喻的事实并以消极自由为旨归的自由主义是不现实的。

斯金纳指出，自由主义有许多悖谬：个人自由和权利当然是至关重要的，但如果每个人都一味地去关心、追求个人的自由和利益，就很可能破坏维护这种自由的整体制度和环境，从而减损了长远的自由。因此，斯金纳认为，对自由主义不应该采取放任自流的态度，而应该给公民注入德行和积极参与的观念，不能不顾道德的教化。相对而言，自由主义如果想保持自己的位置，或要维护自己的统治，就必须考虑法律和制度的塑造与教育功能，要鼓励和培养公民良好的品德和理性。换句话说，自由主义为了自己的长盛不衰，必须引入共和主义的某些东西，为自己所用。但是这里也有一个问题：如果自由主义真的接受了斯金纳的主张，那么自由主义和共和主义还有什么区别吗？它们之间的界限还存在吗？

当然，新共和主义自己也存在很多的难题：公民美德的获得、公共利益的衡量标准、公民美德的维系、积极公民在事实上如何可行，等等。这些也是共和主义所难以解决的问题，需要吸取自由主义的理论来弥补自身的缺陷。所以，在艾萨克所描述的政治思想史图景中，共和主义与自由主义并不是对抗的，而是相互兼容、相互补充的，共和主义作为一种"残留的习语"已经融入了当代主流意识形态——自由主义之中了[1]。

凯斯·森斯坦认为："现代共和主义者的任务不只是发思古之幽情。历史并不提供能够机械地应用到当前问题上的政治生活观念。环境在变化，理论信条不可能从语境中剥离出来而又不冒被曲解的巨大风险；当代的社会和法律问题，永远不可能只通过恢复遥远的过去的特征——不管它们多么重要、多么有吸引力——而得到解决。这种困难使得复兴共和主义原则的现代努力极度复杂化了。"[2] "共和主义的政治观相互之间有实质性的差别，并没有

---

[1] 马德普等编《中西政治文化论丛》第 4 辑，天津人民出版社，2004，第 257 页。

[2] 应奇、刘训练编《公民共和主义》，东方出版社，2006，第 275 页。

一种能够被称作共和主义的统一观点。"①但与此同时,凯斯·森斯坦也认为,虽然共和主义在形式上存在差异,但也有一种相同的理论的倾向,尤其是它的核心信条,比如商议、政治平等、普遍主义、公民身份②。凯斯·森斯坦认为,共和主义的当代复兴并不是反自由主义的,相反,共和主义从自由主义传统中借用了一条重要的线索:对政治平等的强调,为公民自决提供出路的必要性,没有一定程度的公民动员维持民主是不可能的,对宗派主义和自利的代表的制度加以约束的必要,以及政治的商议功能。尤其重要的是,共和主义理论强调了对话和分歧在政府治理中的重要性,使政府及其公职人员能用那些受他们影响的人的眼光设身处地地看待问题③。

唐·赫佐指出:"说共和主义是自由主义疾病的一种有效的救治方法,实际上不过是伤感口号的无可救药的空洞集合,或者是一种充满诱惑却具有毁灭性的塞壬的歌声。"④唐·赫佐认为,以斯金纳为首的公民共和主义者提出的理论相当模糊,没有很好地说明哪些信念应该约束我们,超越我们个人计划的公共归属应该有哪些内容,公共善到底应该是什么等重大的课题,因而难以成为对自由主义理论的替代。唐·赫佐还认为,斯金纳的方法论存在问题:假定今天有人拥护公民共和主义的事业,那么,他或她为什么应当在意200年(或300年甚至400年)前的人们是否也拥护它呢?难道让逝者安息不是更恰当吗?通过发现这项事业在多年以前也受到珍视从而认为它在某种意义上是正当的,这难道不带

---

① 应奇、刘训练编《公民共和主义》,东方出版社,2006,第282页。
② 应奇、刘训练编《公民共和主义》,东方出版社,2006,第285~290页。
③ 应奇、刘训练编《公民共和主义》,东方出版社,2006,第320页。
④ Don Herzog, "Some Questions for Republicans", *Political Theory*, (14) 2004, pp. 473-493.

有祖先崇拜的意味吗?[1]

扎科特在论著中清算了斯金纳共和学派的修正主义运动。他指出，由于其本身理论的欠缺，它的影响在学术界已经式微，其中的一个表现就是许多共和学派的成员开始从原来的立场上退却。"现在，班宁愿意谈论某种自由共和主义，里尼奇谈论这两种传统的杂交，而伍德也愿意否认他曾经将共和主义与自由主义视为对立。"[2]

罗尔斯也认为，由于斯金纳的共和主义自由观和他提倡的政治自由主义并无根本性的冲突，因为一个民主社会的公民要想确保他们的基本权利和自由，自身必须具备充分程度的政治美德并自愿地参与到公共生活中去。民主自由的安全无虞要求具备为维护一种立宪所必需的政治美德的公民积极参与[3]。

综上可知，很多学者把斯金纳的共和主义思想视为后自由主义的思想，认为斯金纳的理论不能形成自由主义的替代，甚至在根本上也不是对自由主义的反动，而是对自由主义必要的补充。斯金纳自己也发表文章承认："回到并理解古典共和主义可以使我们认识到在关于正义、自由以及共同善的理想之间的一种不太熟悉但却可能正确的联系。这样做可以给我们提供一条把这些概念联系在一起的道路，尽管这条道路在其取向上无疑是非自由主义的，但是我认为其在价值上也并不是反自由的。"[4]所以，斯金纳到底是归属共和主义的还是自由主义，对于这个问题本身就存在分歧。斯金纳试图超越古典的共和主义与自由主义，其结局却是身

---

[1] Don Herzog, "Some Questions for Republicans", *Political Theory*, (14) 2004, pp. 473–493.

[2] Michael P. Zuckert, *The Natural Rights Republic, Studies in the Foundation of the American Political Tradition*, Notre Dame Press, 1996, p. 209.

[3] J. Rawls, *Political Liberalism*, Columbia University Press, 1993, pp. 205–206.

[4] 达巍等编《消极自由有什么错》，文化艺术出版社，2001，第133页。

陷囹圄，举步维艰，他颠覆古典共和主义与自由主义的努力到头来只能是未遂的理想。

斯金纳在把消极自由当成首要原则的同时论证了古典共和主义的积极公民观与现代民主的兼容性，阐明了通向个人自由的唯一途径就是参与公共事务[1]，从而与形形色色的前自由主义倾向和朴素的自由主义现代性划清了界限。此外，他又把视自由为自然权利和确保其他权利的手段的公理斥为纯粹的教条，并认为这种态度不但是腐化的公民的缩影，而且是一种最高程度的不明智，明显流露出在肯定自由主义现代性已经取得的成果的前提下，通过发掘自由主义尚未实现的潜力重构自由主义制度，通过改变自由主义的老一套形式实现自由主义的理想，把自由主义关于自由和解放的前提伸张到极限的强烈意向。正是在这个意义上，我们把斯金纳的政治理论史研究称为后自由主义范式的代表[2]。

共和主义的复兴并没有像最初期许的那样带来理论的创造力与实践潜力，所以本身难以成为现代民主社会一个完整的替代性政治方案。但是，共和主义作为对"公民政治"的召唤是具有积极意义的，它对自由主义的挑战也有利于迫使后者不断作出改革与修正[3]。"新共和主义与自由主义不是完全对立的，而是相互补充的；它是一种'后自由主义'的而不是'反自由主义'的政治言说。"[4]

---

[1] Chantal Mouffe (ed.), *Dimensions of Radical Democracy: Pluralism, Citizenship, Community*, Verso, 1992, p. 221.
[2] 应奇：《政治理论史研究的三种范式》，《浙江学刊》2002年第2期。
[3] 参见刘擎《反思共和主义的复兴：一个批判性的考察》，《学术月刊》2006年第4期。
[4] 刘训练：《后自由主义视野中的新共和主义》，《浙江学刊》2006年第4期。对所谓的"后自由主义"，刘训练这样认为：共和主义的当代复兴是以自由主义占主导地位为前提的；它不是对自由主义的替代，而是对其进行的完善或补充；它应当对个人主义和多元主义这两个现代社会的基本特征作出回应，并继承自由主义的普遍主义、平等主义的承诺及其基本建制。

我们有理由这样认为,新共和主义作为西方当代一种政治思想与自由主义之间的分歧属于西方政治传统内部的分歧。同时,它也是自由主义面临现实问题以故有理论所难以解决的反思,是对自由主义的一种反省、补充、完善。

艾伦·帕特认为,以斯金纳为首的新共和主义者已经陷入了进退维谷的两难境地。就其不同于自由主义而言,既然它纵容不正义,并支持一种非自由主义的爱国主义,那么自由主义者就应该拒绝这一学说。然而,它在这些问题上与自由主义又有一致之处,因此它也具有某种合理性;但他无法成为自由主义公民观和公民美德的截然不同的替代性观点,因而只能以攻击一个假想的对手而告终。如果说自由主义忽视了公民身份和公共服务的善因而是有过错的,那么并不是基于工具性共和主义揭示的那些原因。同时,如果共和主义者认为我们对公民身份的忽视使我们享有的自由处于危险的境地是正确的话,那么这并不是因为我们生活在自由社会这一事实①。

艾伦·帕特把斯金纳的修正共和主义称为"工具性共和主义"。"这些修正主义的共和主义者认为,积极的公民身份之所以应该得到重视,并不必然就是因为其本身就是善,而是因为它有助于维持一个自由的社会。我把这种修正主义的共和主义叫作工具性共和主义。这既是为了同受共和主义传统影响的其他观点区别开来,也是为了强调其自身的显著特点。这个特点就是:它把公民身份和公共服务看作善是因为它们有助于消极自由的实现。"②

---

① 马德普等编《中西政治文化论丛》第 4 辑,天津人民出版社,2004,第 210 页。
② 马德普等编《中西政治文化论丛》第 4 辑,天津人民出版社,2004,第 187 页。

艾伦·帕特在分析斯金纳的思想之后更加锐利地指出："我的结论是，斯金纳建构的工具性共和主义并不代表对自由主义在公民身份和公民美德之态度的一种改善，因为它没有在两种立场之间找到任何哲学上的根本分歧。在自由主义对待看不见的手、权利、法律、共同善或自由本身的态度中，没有什么可以阻碍它赞成工具性共和主义对公共事务和公民身份之重要性的理解。相反，像罗尔斯这样的自由主义者明确地假定——同共和主义者一道——我们必须具有一种正义感，我们有责任支持正义的政治制度和有助于保障我们不会放弃我们自己自由的法律安排。"①

阿兰·博耶认为，自由主义与共和主义的争论只是刚刚开始，远没有结束。通过这场争论，我们"从今而后已经不再能无视共和主义理论家们对一个需要渐进改革以及它们的哲学背景的开放社会恰当地表达我们的政治要求所作出的贡献。在我看来，他们至少有一个优点，即引导我们重新考虑迄今为止被认为是自明的我们关于古代人的缺乏时代性的某些信念；而且永不忘记，意欲把个人自由并因此把自由主义理解为独立于反对任意强制的道德要求，独立于法律和制度的考量的想法是荒诞不经的"②。

美国学者杰弗里·艾萨克认为，共和主义在反封建和专制的斗争中，以及在自由主义国家的建立过程中都起了极其重要的作用。不管是在美国还是英国、法国，它们的独立和发展都离不开共和主义思想的影响。"共和主义远不是反自由主义的，它在反对旧世界的斗争中用一套极其重要的公民词汇装备了自由主义。"③在

---

① 马德普等编《中西政治文化论丛》第 4 辑，天津人民出版社，2004，第 199 页。
② 应奇、刘训练编《公民共和主义》，东方出版社，2006，第 30～31 页。
③ 马德普等编《中西政治文化论丛》第 4 辑，天津人民出版社，2004，第 231 页。

《共和主义的复兴及其局限》一文中,斯金纳的学生莫里奇奥·维罗里是这么评价他的老师的:"如果我们接受斯金纳的观点,即共和主义者坚持认为生活在依附之中本身就是强制的一个根源和形式,那么,我们只能得出这样的结论:共和主义是一种激进的、更加前后一致的自由主义。"[1]

事实上,自由主义与共和主义的关系并不像现代人所想象的那样对立矛盾,而是在很多地方存在理论传承关系,比如宪政。自由主义者和共和主义者都积极维护的一种传统,其实是一个"杂交的产品",它在共和主义传统里产生,在自由主义里发育成熟。所以,"如果我们从历史的角度来考察共和主义与自由主义之间的关系的话,那么我认为,自由主义这种政治理论借用了大量共和主义的基本原则,尤其是对一切形式之绝对权力的强烈敌视"[2]。

"从历史的角度来看,自由主义的最重要的内核是从古典共和主义那里继承而来的,而由它自己创造的思想和思维方式却是其概念工具中最为薄弱的部分。"[3]共和主义与自由主义历史上并不都是对立的,而是互相补充、互相完善的。或许比复兴共和主义更为紧迫的是,将自由主义丰富的思想传统从意识形态的枷锁里解放出来,在创造性的发展中注入公民政治的活力。现代民主需要一种丰富、强健和推动公民参与的自由主义思想的复兴。就此而言,斯金纳的共和主义思想对自由主义的批判与修正具有建设性的启示与意义[4]。

"回到并理解古典共和主义可以使我们认识到在关于正义、自

---

[1] 应奇、刘训练编《公民共和主义》,东方出版社,2006,第 158 页。
[2] 应奇、刘训练编《公民共和主义》,东方出版社,2006,第 155 页。
[3] 应奇、刘训练编《公民共和主义》,东方出版社,2006,第 158 页。
[4] 刘擎:《反思共和主义的复兴:一个批判性的考察》,《学术界》2006 年第 4 期。

由以及共同善的理想之间的一种不太熟悉但却可能正确的联系。这样做可以给我们提供一条把这些概念联系在一起的道路，尽管这条道路在其取向上无疑是非自由主义的，但是我认为其在价值上也并不是反自由主义的。"①由此可见，斯金纳本人也并未把反自由主义定为自己的目标。他事实上是并不反对自由主义的，甚至可以这样说，他是在某种程度上去修正自由主义的纰漏。

总的来说，斯金纳的理论贡献，以及他所唤起的当代共和主义关怀，与其说是挑战和质疑西方自由主义主流传统，不如说是作了一个颇有价值的补充。就西方当代政治哲学而论，其他思潮大多以挑战、攻击、批判的姿态对自由主义发起攻势，而独有共和主义保持一种温和的理论精神，以建设性的方式补充自由主义政治哲学可能忽略之处②。

综上可知，斯金纳的共和主义与自由主义并不是对立的，而是相互补充的，是"后自由主义"而不是"反自由主义"的政治言说。

斯金纳共和主义思想逐渐受到了日益众多的关注。当然，无论他人如何评价，褒扬也好，贬抑也罢，说他是在回归古典共和主义也好，修正古典共和主义也罢，都不重要，重要的是斯金纳的学说、他的思想正在对众多的学者产生影响。当然，我们无法指望斯金纳能够恢复共和主义的统治地位，更不能指望它替代自由主义，但是他的理论在一定程度上缓和了两者之间的对立，促进了共和主义与自由主义融合的进程，促进了理论家的更深层次

---

① 达巍等编《消极自由有什么错》，文化艺术出版社，2001，第132页。
② 陈伟：《共和主义的自由观念——试论昆廷·斯金纳的共和主义思想史研究》，《南京社会科学》2004年第7期。

的思考。

　　无论是斯金纳还是其他一些当代共和主义学者，其理论基本上都是在传递着同样一个信息：我们在自由主义之外，尚须增加一些什么，以增进政治之活力，克服自由主义式的现代人类生活的脆弱性[1]。共和主义的复兴并没有像最初期许的那样带来理论的创造力与实践潜力，所以本身难以成为现代民主社会一个完整的替代性政治方案。但是，共和主义作为对"公民政治"的召唤是具有积极意义的，它对自由主义的挑战也有利于迫使后者不断改革与修正[2]。

---

[1]　陈伟：《共和主义的自由观念——试论昆廷·斯金纳的共和主义思想史研究》，《南京社会科学》2004年第7期。
[2]　参见刘擎《反思共和主义的复兴：一个批判性的考察》，《学术月刊》2006年第4期。

第七章

斯金纳共和主义思想的理论贡献及其启示

第一节 理论贡献与不足

斯金纳共和主义思想在政治学界掀起了一股思想旋风。学术界对斯金纳这种与传统睽违甚远的共和主义理论非常关注,但是斯金纳的思想又显得那么不合时宜、难合"众意",以至于一直受到来自各个方面的抨击。值得庆幸的是,斯金纳的共和主义思想在不断的辩论和评价中正在逐渐获得日益广泛的认同与支持。

一 理论贡献

(一)研究方式的革命

传统的政治哲学研究方法就是研究各个历史时期的名人名著,认为它们代表了当时最高的政治智慧,但斯金纳不那么认为。在斯金纳看来,政治思想是一定时期的政治行动,是某个具体事件的辩论过程及其结果,所以,斯金纳提出要历史地理解政治,从而颠覆了传统的那种经典解读。斯金纳认为,为了理解一个文本,有必要把它看成一种语言行动复合体,恢复作者写作时的行为。他认为,政治生活是政治家研究和话语场形成的主要内容和根据,所以研究政治思想一定要结合当时的场景和历史环境。"因为我认为政治生活本身为政治理论家设定了一些主要问题,使得某些论点看起来成问题,并使得相应的一些问题成为主要的辩论课题……我认为同样至关重要的是考虑一下构想出这些主要文本的知识环境……以及那些比较短暂的、同时代的对于社会和政治思想的贡献的来龙去脉。"①斯金纳告诉我们,对于思想史家来说,与之相符的角色便是作为考古学家而行动,挖掘出已经埋葬的思想瑰宝,拂去尘埃,以便我们重新思考要去研究什么②。

作为历史学家的斯金纳在政治思想史的研究中显然受到维特根斯坦的影响,他坦陈特别欣赏维特根斯坦的一句名言:语言即为行动。他在《政治的视界》中指出:"思想史研究有两种方法,或者说语言有两种维度。第一种是被描写为意义的范畴,研究词汇和语言;第二种是语言行动的维度范畴,研究说话者在运用词汇和连句时所能行动的范围。传统的研究重视第一种,而我则关注于第二种。如果概括我的研究方法的话,可以用维特根斯坦的一句话:语言即为行动。"③斯金纳还指出:"任何言说必然是特定时刻特定意图的反映,它旨在回应特定的问题,是特定语境下的

---

① 〔英〕昆廷·斯金纳:《近代政治思想的基础》,奚瑞森、亚方译,商务印书馆,2002,第4页。
② 〔英〕昆廷·斯金纳:《自由主义之前的自由》,李宏图译,上海三联书店,2003,第78页。
③ Quentin Skinner, *Visions of Politics: Regarding Method*, Vol. 1, Cambridge University Press, 2002, p.2.

产物，任何试图超越这种语境的做法都必然是天真的。"①

这种修辞视野的思想史研究方法给学界带来了重大的历史意义，它将原来被人们遗忘的语言与语境等内容都纳入我们的研究范围之中，丰富了思想史的研究内容。通过考察作者所利用的修辞战略来对概念进行重新定义，可以更准确地理解在历史上出现的很多政治概念和政治行动，更好地理解思想观念、原则与概念不断演变的进程。

除了在研究方法有所创新，斯金纳还在研究对象上有所突破，将研究对象转向思想史上的政治"概念"，把"概念"当成一个独立的研究实体来进行考察分析。斯金纳认为，"概念史"可以更加突出政治思想的真实发展过程；"概念史"研究的提出不仅表明"思想史"研究具体化，而且意味着实现了思想史研究对象的实质性转换，实现了思想史研究从"思想史"到"概念史"的范式转换。斯金纳开创了政治思想史研究的新方向和新范式，奠定了政治思想史研究的新"基础"，与"个体思想""思想的单元"的普遍性和反历史性相比，"概念史"则更为突出思想演进中的断裂性和历史性。斯金纳在政治思想研究中转换了整个研究的视角。

（二）理论上的创新

本书之所以把斯金纳的理论主体分为三个部分，是因为斯金纳的共和主义思想这三个部分比较突出，而且有自己独到的见解与创新。

首先，斯金纳对公民理论进行了重新阐发。公民理论是共和主义传统的重要组成部分，但自从自由主义盛行之时便屈居一隅无人问津，遭遇了长时间的冷落与遗忘。虽然斯金纳工具性的共

---

① 丁耘、陈新主编《思想史研究》第 1 卷，广西师范大学出版社，2005，第 77 页。

和主义对自由主义的批判有可能是失败的，但仍然有可能的是，这种修正的共和主义对自由主义的重建具有建设性的作用。它对自由主义的挑战能够推进自由主义对公民美德和积极公民身份的关注，也有利于迫使后者不断改革与超越。因为在斯金纳看来，自由主义对公民身份和公共服务的淡漠正好是公民自由濒临危险的主要原因。笔者认为，斯金纳的共和主义思想对共和主义的当代复兴是富有现实意义的，尤其是其中对"公民责任"——义务的强调是非常及时的。因为，这种"警告"不仅唤起了人们对"古典共和"观点的重新关注，而且打破了长期以来独占历史舞台的哥特式的自由主义霸权理论，站在现实的角度，重新将公民责任融入公共生活，为公共义务与自由权利之间矛盾的化解提供了一种政治的解决途径。

斯金纳的公民身份理论也别有创新，体现了公民权利义务的统一。他指出，坚持以权利作为王牌，无疑是在认可我们作为公民的腐化，还意味着一种非理性的自我毁灭形式。我们必须认真对待我们的义务，不应该试图逃避任何超乎社会生活最低限度要求之外的事务。我们必须全心全意地履行我们的公共责任，这才是确保我们行将放弃之自由的唯一途径。斯金纳的公民身份理论还体现了目的性与工具性的统一。他指出，公民身份本身具有两重性：一是它的目的性，公民身份代表着一种大众的认同，表明具有这种资格的人是有着平等的政治法律权利的，他们的合法权益受到国家的保护；二是它的工具性，公民只有积极参与公共事务，积极去履行自己的义务，才能更好地维护好自己的身份，除此之外，没有其他更好的办法。

斯金纳还修正了传统的公民美德理论，认为美德不仅是指美好的道德，更是一种品质与能力，其中包括理性、雄辩、修辞等。

在斯金纳看来，美德也并不像共和主义传统所认为的那样本身就是目的，而是主张公民美德只是对一种共同善的变通，是实现共同善的一种工具。另外，美德是可以塑造的，法律是最主要的手段之一。在其他学者眼里，法律是通过限制人们对其他人的侵犯来保护每个人的自由和权利，而斯金纳认为，法律可以内化为人的行为规则，从而塑造人的品德。

其次，斯金纳创新了共和主义国家理论。第一，研究视角的创新。以往研究国家理论大多是把相关的名人著作列举出来，作一个系统的阐述，然后建构一个所谓的有创新的观点，而斯金纳却独辟蹊径：从概念发展史的角度对国家概念进行了艰辛的"考古"，追溯国家的概念形成过程，认真研究了国家在不同时代的含义以及现代国家的意义是什么时候形成的、如何形成的。基于历史学家的渊博，斯金纳最后写出了现代国家概念的形成史、发展史，使一些谬种流传、以讹传讹的概念和观点得以纠正，同时开创了国家理论研究的新途径。第二，在国家与公民的关系上，斯金纳指出国家在逻辑上是优先于公民的，但国家这种优先性的最终目的是为了公民自由，因为国家同时是公民实现自由的前提条件。第三，斯金纳还指出共和国的均衡除了需要法律的制约、民权对政权的制约、社会制度的宽容之外，还需要经济的均衡，要保障人民生活生存最基本的需要，以免人民由于生活的原因而沦落到"依附"状态，这是共和国最低的"善"。第四，斯金纳还特别强调法律之于共和国的重要作用。斯金纳认为，只有法律才能防止共和国的腐化与公民的腐化，才能防止政权对民权的侵犯，才能防止私权对公权的侵犯，所以，共和国一定是宪政的。

最后，斯金纳拓展了共和主义的自由理论。自由是 20 世纪政治中最富有争议的概念。在西方世界中，几乎每个人都在捍卫它，但这只是更加引起了对自由概念的争论。为了理解围绕自由展开的辩论，了解自由的概念史是必需的，但是没有人写过，斯金纳是第一个写自由概念史的学者。通过对自由概念史的研究，斯金纳一反传统的自由理论，提出"无依附自由"理论，认为自由的反面不仅仅是"无干涉"，更应该是"无依附"。干涉只是一种次要的恶，依附本身就意味着自由的阙如。既然自由被理解为不受依附，那么政治参与与自由的关系就空前紧密起来。如果一个公民逃避政治参与，就等于是放弃了自己意志对公共意志的影响，公共意志就会成为支配他的外在力量。在斯金纳看来，一个不能保证公民意志得以充分表达的政治体就是在纵容一种专断意志的形成，就不能让公民享有真正的自由。只有生活在一个法律由人人来制定的状态下，自由才可能得以保存。

关于法律与自由的关系，与共和主义其他学者不同，斯金纳认为法律（共和国公民的公意）虽然不会造成依附，但也是一种干涉，必然侵犯人们的自由。但是，法律侵犯公民自由是为了保证更大的自由，所以，法律虽然是"不自由"但并不减损自由的总量，相反，法律增进了人们的自由。法律在其他共和主义学者那里是自由的构成性因素，在斯金纳这里变成了工具性因素。

斯金纳继而提出了共和主义的自由是以消极自由为目的的自由观，但又不排斥积极自由，因为如果没有积极自由作为手段和途径，消极自由也很难得到实现。消极自由往往会让人们沉湎于追求各自的利益和快乐，很容易放弃分享政治权力的权利。积极自由是上帝赋予我们的最有力、最有效的自我发展手段，我们必须将这两种自由结合在一起。

（三）复兴了共和主义传统

共和主义不是一种已经过时的贵族传统，也不是一种对古代的乡愁，相反，由于共和主义和自由主义之间的对白争论，现代共和主义和自由主义获得了一种明确的理论认同。维罗里说："在其漫长的历史进程中，自由主义曾经遇到过各种各样的挑战，有来自于社会正义之支持者的，有来自于社会等级和传统价值之支持者的，有来自于道德至善和道德复兴理想之支持者的，还有来自于共同体理想和参与民主之支持者的。但是，它从来没有或很少遇到以自由——自由主义的核心价值——的名义发起的挑战。唯一的例外就是来自于积极自由和真正自由对纯粹形式自由的挑战。出于这个原因，不管我们到底如何评价共和主义的价值，我们都得承认共和主义使20世纪末极为沉闷的智识氛围重新获得了生机。"[1]斯金纳共和主义理论的横空出世让自由主义学者措手不及，使他们不得不再次审视自己自鸣得意的理论。

在共和主义的复兴中斯金纳的作用大致可以从以下几个方面来理解：首先，把共和主义这个传统凸显在大家的面前，让共和主义重新成为一个中心话题。其次，斯金纳对共和主义自由理论的阐发受到了学术界最广泛的关注，引起了很大的争议，从而也引起了人们对共和主义本身的重新关注与研究。最后，斯金纳对共和主义中心议题的讨论把美德、法治、政体均衡等重新纳入人们的视线，复兴了共和主义的相关主题（关于斯金纳与共和主义的复兴可参考本书第六章中的相关内容）。

二 斯金纳共和主义思想的不足

斯金纳对共和主义的研究出发点并不是致力于建立一种自己的理论、一个完整的理论体系，而是出于一个历史学家的立场认

---

[1] 应奇、刘训练编《公民共和主义》，东方出版社，2006，第154~155页。

为现存的共和主义思想有很多荒谬的理论，于是他想借助对理论的历史考古去纠正这些不恰当的共和主义理论，并在这个过程中不断地阐发一些自己的见解。由于他的论证很充分，论据很确凿，分析推理很严密，所以斯金纳的理论一出现就在共和主义思想史学界引起很大的反响，得到了很多人的赞同和追随。但是，白玉不辞微瑕，斯金纳共和主义思想在理论上尚存有一些不足及有待进一步深入研究的空间。

首先，斯金纳的共和主义思想实际上是一种自由主义与共和主义的折中。由于缺乏理论的坚定性，斯金纳一直徘徊摇曳于自由主义与共和主义之间。斯金纳的公民理论一开始就反对共和主义的传统观点，认为公民需要美德，但更需要法律的规制，法律能够塑造公民的美德；关于国家与公民，传统的共和主义都认为公民的行为都要为了共和国的共善存在才有价值，而斯金纳却说共和国相对于公民来说只具有工具性的价值，公民的自由和权利才是共和国的最终目的，尤其是他提出的"第三种自由"，更是试图把自由主义的消极自由与共和主义的积极自由结合在一起，糅合它们之间难以糅合的区别，缓解它们之间难以缓解的矛盾。从这些理论都可以看出，斯金纳的思想在某种程度上已经偏离了共和主义理论，又不同于传统的自由主义，从而滑向了"后自由主义"。

其次，斯金纳的"第三种自由"实际上已经陷入了某种僵局：他们既想继续运用伯林的概念架构表达超出伯林视野的洞见，又没有对伯林的理论前提进行彻底的重新审查，更未能对伯林思想的内在紧张提出有说服力的诠释。他们忽而把自己倡导的自由概念等同于伯林意义上的消极自由，忽而又把它与伯林的两种自由区分开来，自命为"第三种自由"，最后又在肯定第三种自由是一种独立的自由概念的同时，仍然把它理解为消极自由，尽管是不同于伯林意义上的消极自由。在这里,斯金纳不但生硬地肢解了伯林的思想,严重地误解了自己的主张,而且遮掩了理解自由或第三种自由概念的其他更有前景的道路。

最后,斯金纳对法律的过度强调也降低了美德在共和主义理论中的重要地位,引发了不少的争论与批评。一般认为,法律是通过强制规范他人来保护公民的自由的,而在斯金纳那里,法律还通过内在地强制自己、塑造自己从而来维护公民的自由。斯金纳关于"公民义务"和"法律的强制"与"自由"的关系的论述是含混不清的,含混之处在于它们对自由提出的到底是构成性要求还是工具性要求。斯金纳是想说,只有当行为主体充分履行其公民义务时,他们才被认为是自由的呢?还是想说,即使行为主体受到强迫或强制,他们也仍然被认为是自由的?它们都是关于自由的构成性要求,或者这两个主张仅仅是指某些确定的充分条件,满足这些条件即可以使行为主体处于某种与通常所理解的不同意义上的自由之中。经过分析,我们可以看出,斯金纳并没有建构出令人满意的自由理论,在权利、法律、共同善或自由本身的态度上,没有什么可以帮助人们对他自己的共和主义重要性的理解。所以,斯金纳对自由主义的共和主义批评被证明是失败的。

第二节 斯金纳共和主义思想的镜鉴

"现代世界上有 180 多个国家,已有 102 个国家称为共和国,而且是不同时期,不同的要求而达到的共同取向……任何概念都很难成为世界共同认可的称号,唯有共和两字最具有凝聚力。"[①]尽

---

① 苏昌培:《共和观》,社会科学文献出版社,2001,第 143 页。

管自由主义仍然统治天下，但是共和主义对各个国家都产生了巨大的影响，以至于当今世界绝大多数国家都冠名"共和国"。我们中国也不例外，全称为"中华人民共和国"。中华是一个历史概念，有血统、民族的成分，人民是国家的主人，表明了我们国家的性质，是所有人民共有的，"共和国"则是一种政治组织形式，人民只有在这种组织形式之中，才能保障好自己应有的权利，行使好自己的权利。"我们的党和工人阶级只有在民主共和国这种形式下，才能取得统治。民主共和国甚至是无产阶级专政的特殊形式。"①

中国的传统可谓博大精深，似乎任何理论都可以在这里追本溯源，尤其是共和主义，中国有着几千年的"共和"传统和梦想。首先，"天下"观念深入人心就是一种明证。"先天下之忧而忧，后天下之乐而乐"是我们美好的情操，而且中国是一个非常讲究道德的国度，三纲五常妇孺皆知，伦理秩序在中国占有重要的位置。事实上，在中国传统的政治文化中，主流儒家文化从来都以"公""义""中""和""德""仁""爱"为要义。"大道之行也，天下为公"是中国千百年来的最高境界。但是，回顾我们中国的历史，几千年来，一直是封建君主专制的臣民社会，"普天之下，莫非王土；率土之滨，莫非王臣"，它以国家最高所有权支配下的小农经济为基础，外靠以专制王权为核心的行政力量，内靠以血缘关系为纽带的宗法关系，维护着整个封建社会的政治秩序和社会稳定，构成了中国封建社会结构的基本特点。中国社会长期处于专制与独裁之中，共和只能是一个梦想，缺乏共和主义传统，何谓共和在理论上基本是不清晰的，甚至大部分时候指的是一种

---

① 《马克思恩格斯文集》第 4 卷，人民出版社，2009，第 415 页。

"有君共和",幻想贤明的君主能带来一种政治与民生的生机。1949年出现了我国3000年未有的大变局。新中国的成立对3000年的统治模式一翻到底,建立了一种新的共和主义的模式,中华人民共和国的成立意味着我们走向了一条崭新的道路。当前,我们国家处于社会主义民主政治发展的新时期,我们应该如何去实现我们的宏大目标,如何去更好地促进社会的发展,如何去实现人民的自由?结合当代中国政治发展过程中的一些现实问题,通过对斯金纳共和主义思想的研究,我们可以得出以下几个重要的启示。

一 树立法治观念,加强宪政建设

基于人性的腐化和堕落,斯金纳主张法律是共和国存在的核心,是自由存在的前提,只有法律才能确保共和国的共善与个人自由的实现,法律的根本功能在于将公民从他们自利的枷锁中解放出来,并通过强制达到他们自由的目的。法律能改变人性的腐化状态,强制人们采取符合德行的行动,确保自由与公共善。按照斯金纳的说法,自由的反面并不是干涉或障碍,而是奴役或依附。与此相应,法律的强制非但不会减损个人自由,反而是个人自由不可或缺的基础。斯金纳指出,新罗马自由理论家们反对霍布斯所说的个人自由与国家的政治体制没有关系的观点,认为只有在一个法治的国家而非人治的国家,公民才能够保有自由,否则就是丧失了自由,是处在受奴役的状态。而一个法治国家就意味着其法律是全体人民来制定的,因此,体现在国家的政治体制上,共和主义必定是宪政的唯一形式[①]。

[①] 〔英〕昆廷·斯金纳:《自由主义之前的自由》,李宏图译,上海三联书店,2003,第144页。

从国家层面上来看，我们国家缺乏民主传统、缺乏宪政文化。在中国几千年的历史上几乎从来没有过像西方奴隶社会的雅典民主、中世纪城市共和国民主那样的民主政体；中国奴隶社会、封建社会特殊的经济结构和生产方式，使得民主制的国家形式始终没有产生和创造出来。直到19世纪末叶，中国社会的封闭大门被打开了，才使得西方资产阶级民主政治思想传入中国。也只是到那时，中国人才开始知道在人类社会发展进程中，曾经有过民主制那样一种国家形式，并开始试图效仿西方人的样子，努力在中国建立一个自由、平等的民主政治国家。辛亥革命的伟大意义就在于它在政治上推翻了长达几千年的封建专制主义统治，第一次在形式上建立了民主共和国。然而，民主制国家形式在旧中国的历史命运只能是昙花一现。因此，受社会历史条件的制约，直到社会主义政治制度建立以前，它始终不能成为国家的正规形式。民主政治发展的这种落后情况，历史地造成了中国民主政治发展的某种"先天不足"景象。

在数千年君主政治传统的影响下，我们很多人并不认识"宪政"，不认同"宪政"，更不愿实践"宪政"。笔者认为，"宪政"有四大根本要义：人民公意立宪和立法、宪法和法律至上、国家机关依法行使权力、宪法和法律实施有体制保障，这是民主政治的最重要基因。中国的政治法律传统严重缺乏这些重要基因，中国自古没有宪法，更没有宪政。古代中国的法，有"天法""祖宗之法""王法"，但从来就没有宪法；古代中国的政治，有"王政""德政""仁政"，但从来就没有宪政。这些观念至今仍深深地影响着我们很多人的政治法律思维。很多人仍习惯于以传统的"王政""德政""仁政"思维看待今日中国的政治和法制问题，甚至误将类似于"王政""德政""仁政"的主张和实践看成建设

"宪政"。这些错误观念严重妨碍了我们今天的民主法治或宪政建设。因此,我们要建设当代中国的"宪政",就必须超越"王政""德政""仁政"的传统,脱胎换骨地完成"宪政"观念革命,而不能继续有意无意地以"王政""德政""仁政"的传统主张来偷梁换柱地架空"宪政"。

在我国,对宪政建设的关注与广泛讨论应该说大致是从20世纪90年代才开始的。10多年来,在理论上,宪政理论得到了长足的发展。主要表现在宪政知识在学界已经上升为一种显性学识,而且吸引了法学、政治学以外的诸如经济学等其他学科的学者的加入研究与探讨。但是实际上,宪政制度却发展得比较缓慢。这与中国长期缺乏宪政传统有关,如果想在中国建立宪政需要相对漫长的时间来为之创建适宜的环境,需要一个适应的过程。

共和国一定是宪政的,法治是共和主义政治的基础,是自由得以享有的保障,没有法律的自由是不安全的,也是容易腐化堕落的,所以我们首先必须大力加强宪政建设。有学者感叹:"宪政的发明和运用,对人类的贡献不亚于蒸汽机的发明,不亚于科学技术的任何一次创新。"[1]"立宪政府的理论和实践可能是西方世界所取得的最大的政治成就……这一成就可能会成为全人类永久的遗产。"[2]法律是一切现代生活的基础,没有法治,任何政治文明都是不可想象的,遑论社会主义的政治文明了。然而,我们社会公民的规则意识十分淡薄,在我们身边违反规则的事随手拈来,举不胜举。在不少人眼里规则是约束别人的,对己则按有利和方便

---

[1] 中国人民大学宪政与行政法治研究中心编《宪政与行政法治研究——许崇德教授执教五十年祝贺文集》,中国人民大学出版社,2003,第76页。

[2] 〔美〕卡尔·J. 弗里德里希:《超验正义——宪政的宗教之维》,周勇等译,三联书店,1997,第1页。

的原则行事，这主要是人的自私在作怪，无时无刻不在考虑自己利益的最大化。有些人目无法纪，缺乏规则意识和法治观念。更令人担忧的是这种对规则视而不见的行为一旦成为习惯，扩展至各个生活领域且渗入文化心理深处，其破坏性是巨大的，法律也无能为力。所以，缺乏规则意识、法治观念对共和主义制度是一大重创，不可轻视。

另外，实施宪政，必须约束国家权力，建立有限政府。斯金纳认为，没有法律限制的政府必然走向腐化，任何国王都是贪得无厌和反复无常的人，任何独断的权力都是共和主义所反对的，所以，对于国家权力实行法律的约束也是必需的。我们要加大法制建设与宣传，在全社会树立一种法治意识，以防止国家与公民腐化堕落。

二　重新审视国家、社会与公民的关系，推进市民社会建设

斯金纳的积极公民理论、无依附自由理论告诉我们，共和国是以民主作为基础的。我国正处于一个民主建设的新时期，我们既要加强党内民主也要加强人民民主，既要加强政治民主又要加强经济民主。要努力开拓公民参与公共事务的平台，营造公民参与公共事务的氛围，培育一个成熟的市民社会。市民社会是独立于政治国家的民间社会，它是一个具有自组织能力的巨大系统，其生成、组织和运转也主要以民间形式进行。市民社会有其共同认同的价值体系和行为准则，自治性市民社会的重要特征。社会自治是市民社会的出发点，市民社会"强调公民身份，独立自主的地位，排斥人身依附"[1]。

---

[1] 〔英〕戈登·怀特：《公民社会、民主化和发展》，何增科编译，《马克思主义与现实》2000年第1期。

斯金纳认为，就公民与国家关系而言，市民社会是公民权利、自由的保护屏障，是对国家权力的重要制衡力量。市民社会通过公民自愿参加的各种结社活动，即成为各种团体、组织的成员，形成自治、自主领域，为公民预置了一个（通过自律而非官方渠道）自由支配的空间。这些结社团体实际上是公共权力为公民提供的安全的庇护所，在这些庇护所内公民可避免公共权力的非法干预，即使不能完全避免这种干预也可使这种干预经由各种结社团体而变得具有间接性。

从社会层面来看，我们缺乏一个比较成熟的市民社会，缺乏一种参与型政治文化。市民社会是一个与国家相对应的概念，它指在政治国家控制之外的组织化的社会生活领域。一般认为，市民社会是国家和家庭之间的一个中介性的社团领域，在这一领域由同国家相分离的组织所占据，这些组织在同国家的关系上享有自主权并由社会成员自愿结合而成，以保护和增进他们的利益或价值。我国的市民社会是随着市场经济的发展而兴起的，它的产生可以追溯到20世纪70年代后期开始的改革开放。到目前为止，我们的市民社会还是很薄弱。在中国的城市，市民的政治意识正在逐步增强，但广大的农村，臣民思想还比较严重，这个除了与中国的传统有关，也与广大农村受教育水平有很大关系。一般来说，越是教育水平低的地方，市民社会就越难形成。除此之外，地域也是一个重要的原因，由于广大农村地域辽阔，人们居住不集中，也是农村市民社会比较难以形成的一个客观因素[①]。

1949~1978年，我们对社会主义民主道路的摸索出现了一些问题，尤其是从"大跃进"时期开始，政治体制仍然处于一种

---

① 陈炳辉：《当代中国民主的条件分析》，《马克思主义与现实》2006年第5期。

"国家全能主义"时代，国家权力无处不有，无所不在，国家的影子完全淹没了社会，公民的私人空间受到不合理的侵犯，政党的权益甚至最基本的人道主义要求都难以得到尊重和满足，公民的政治参与大部分是被迫的，参与能力也没有得到有效的培养。

在改革开放以后，随着市场经济的发展壮大，市民意识逐渐发达，权利意识、法治观念也日益深入人心，要求保护私人领域的呼声日益高涨，各类民间团体日趋活跃，公民的社区、个人自治能力得到加强。而以上这些，又促进了政治体制的反思和转轨，国家和社会的关系得以重新思考，公共领域与私人领域得以重新界定。我们国家长期以来在处理国家与公民、集体与个体的关系上都认为国家是至上的，集体利益高于个人利益，个人利益和组织利益在国家利益面前必须臣服。在处理相关事务的时候，积极自由优先于消极自由。我们习惯于在积极自由的前提之下来谈论消极自由。这样的结局是使个人权利淹没于整体利益之中，公民淹没于国家之中。这种情形容易导致集权主义与暴政的产生，容易失去个体公民的支持从而丧失国家的合法性基础。斯金纳有关国家与公民理论告诉我们，国家不是目的，国家的稳定与发展是以最广大公民获得更多的自由和权利为最终目的的。我们要改正那种整体主义倾向，不能只重视整体利益而忽视公民的个体感受。

当然，也不能任凭私权侵犯公权，让某个人、某些人为了自己的利益侵害公共的权益。斯金纳认为，个人和国家都是易于腐化的，所以它们之间最好要保持一个恰当的平衡，在不断变化不断调适之中保持动态的平衡。所以，我们要重新审视国家、社会与公民的相互关系，既要突出公民的权利与自由，又要在公民权利、自由得以实现的前提下去努力维护国家的整体利益与发展。在论及共和政体均衡的时候，斯金纳特别指出了公民要对政府权力实施监督和限制，以防止政府滥用权力造成对公民的侵害。所以，我们必须要设计一种运行有效的公民参与制度，形成良好的参与型的政治文化，以维护共和国与公民的和谐关系。

总的来说，我国一直都是一个强政府、弱社会的体制，这种体制隐藏着巨大的风险。这种统治往往只是使国家拥有团结稳定的表象，却难以创造国家真正的内在和谐。政治统治者只是制造了一个箍桶的铁箍来箍住整个国家，然而超强的政府并不一定代表稳定，而在超强政府下萎缩、弱小的社会往往代表着脆弱，预示着危机。从印度尼西亚的现状来看，街头骚乱不断，分离主义运动频发，这说明苏哈托的那只铁箍只是表象，它最终什么也没箍住。所以，强政府、弱社会的体制并非低风险的统治方式，而是一种高风险的统治方式。给予市民社会较大的空间，与市民社会合作，却是一种低风险的统治方式。因此，政府需要借助社会的力量，通过改良来缓和与社会的关系。只有这样，公民、社会、国家之间才能形成一个比较稳固的均衡，才能保持政治的稳定性，才能保持共和国的长治久安。

三 加大公民精神建设，培养积极的个体公民

斯金纳认为，共和国仅仅依赖一个抽象的制度框架远远不够，公民精神也是不可或缺的。为了维护好国家自由与公民的自由，"人民必须将个人的和宗派的利益搁置一边，并逐渐将他们个人的幸福与整个城市的幸福等同起来"[1]。因为高尚的美德应是每个公民个人为了有效投身公共事业所必备的品质，因而只有行为高尚

---

[1] 〔英〕昆廷·斯金纳：《近代政治思想的基础》，奚瑞森、亚方译，商务印书馆，2002，第81页。

的人才能确保自己的自由①。斯金纳指出，如果没有公民的积极热情，相反替代的是公民的疏忽和冷漠，那么共和国将不能成为共和国。也就是说，公民积极参与政治以及受一种高层次公民美德的驱动，是维护共和国的基础。

从个人层面上来看，国人大多缺乏一种公民精神和一种正确的权利义务观。首先，公民权利意识淡薄。长期以来义务本位的法律体系导致公民权利意识缺失。法律体系可以大致分成义务本位模式和权利本位模式两类②。义务本位而非权利本位的法律体系，必然造成人们产生消极归属心理，政治冷漠感强，政治参与率低，政治参与不是主动参与型而是被动参与型。这种体制下造就的公民与共和政治要求的具有契约、协商、宽容、妥协精神的理性公民还有相当大的差距。

中国传统社会素来重视"和为贵"，提倡"温良恭俭让""息讼止争"，所以儒家思想不仅没有普度众生，反而造就了没有"权利"观念的懦弱的臣民。而当社会由统治社会向民主社会转变时，其国民则需完成由"臣民"转变为"公民"的角色转换。公民角色区别于臣民的最明显特征，就在于前者是权利获得主体并珍视法律赋予的权利，虽然也承担一定的义务，但不像臣民那样为义务而义务。但是，公民观念并非与生俱来，更非神恩所赐，而是

---

① 达巍等编《消极自由有什么错》，文化艺术出版社，2001，第113页。
② 简要地说，以义务为法的逻辑起点和宗旨并以差别对待的原则去安排权利义务关系，就是义务本位模式；以权利为法的逻辑起点和宗旨并以平等对待（无论是实际上还是形式上）的原则去安排权利义务关系，就是权利本位模式。义务本位模式的衍生的法律文化强调的是法律的制裁机制，它着眼于如何迫使社会成员以消极的臣民意识被动地接受自上而下的单向社会控制，法律在确认臣民的有限权利时，只是为了使他们更好地履行对统治者的义务。权利本位模式衍生的法律文化更注重法律的激励机制，它允许甚至鼓励（至少在法律规定上）人们以积极的公民意识去参与社会公共事务的管理，用义务来源于、从属于、服务于权利的逻辑去安排权利与义务的关系。

依靠自己为权利而斗争的努力去践行。

近几十年来，在市场经济和外来文化的浸润下我国公民的权利意识已有长足发展，但还远远不够。在生活中对各种侵权现象常常不能及时认识到，或虽认识到但未能作出积极反应的现象并不鲜见。为了应有的但还不完善的公民权利，包括政治权利、经济权利、文化权利等合法合理权利主动采取合法而有效方式去争取或维护的行为更不多见。在儒家文化几千年的熏陶和浸淫下，顺从被誉为一种美德，在古代中国，从官员到平民、从人子到人妇都形成了一种顺从的惯性意识：妇顺从于夫，子顺从于父，臣顺从于君。面对专制者的淫威，广大民众只有顺从，不敢有丝毫的质疑和违抗，更不用说争取自己的权利。所以，服从或顺从不仅成了一种高尚的道德选择，成了人们的惯性选择，也成了人们维护自身利益的理性选择，这与共和主义政治也是格格不入的。

另外，国人公共精神、公共道德始终非常薄弱。所谓公共精神，是指公民具有超越个人狭隘眼界和个人直接功利目的，关怀公共事务、事业和利益的思想境界和行为态度。阿尔蒙德和维巴曾把公民的公共性类型分为三种：参与型、臣属型、地区型。参与型公民对政治非常关心，人们知道自己是国家的"公民"，为自己国家感到自豪并愿意经常讨论它，并相信自己能在一定程度上影响政治。而臣属型公民虽然也知道他们是"公民"，但被动地卷入政治，他们认为谈论政治是令人不舒服的一件事情。他们听从宣传，但没有什么激情和忠诚。而地区型公民则没有或很少感到自己是国家的"公民"，只是认同自己周边的事物，对国家没什么感情，也没有尊敬和自豪，不关心政治，没有什么政治意识，很少谈论政治。中国的公民基本上属于臣属型，对个人利益相关的事情比较感兴趣，"事不关己"则"高高挂起"，缺乏一种公共精神。

公共精神是现代社会对公民提出的一种最基本、最重要的美德要求。梁启超在 100 多年前就指出："我国民所最缺者，公德其一端也……吾中国道德之发达，不可谓不早，虽然，偏于私德，而公德殆阙如。"①"中国目前的局面仍然是单个的公民个体直接面对国家权力，公民仍然是一盘散沙，并未形成多元和自治的社会，国家的政策和法律的形成过程的协商妥协远远不够。"②

中国从古至今都非常重视以血缘关系为纽带形成的社会关系网络，并以此作为判断远近亲疏的标准。费孝通在《乡土中国》中提出了"差序格局"的概念，十分恰当地解释了这种以个人为中心、以血缘关系为纽带的个人社会关系网络。费孝通认为："以己为中心，像石子一般投在水中，和别人所联系成的社会关系，不像团体中的分子一般大家都立在一个平面上的，而是像水的波纹一般一圈一圈推出去，愈推愈远，也愈推愈薄。"③所以，长期以来，我们国家都存在公共精神与公共道德的双重缺位。

（一）加大公民教育力度，塑造积极的个体公民

斯金纳的共和主义思想指出积极公民是共和国的基础，共和国的公民一定是积极的、美德的、理性的高品质的公民，没有公民的积极参与，共和国就不能成其为共和国。由此可见，斯金纳特别重视公民的教育问题。公民教育的缺失既是我们中国当今的一个教育问题，更是一个政治问题，公民教育的核心是公民与政府的关系，如在法律面前的平等意识、对国家的责任感、在社会生活中的政治权利等。独立人格包括许多内在的道德属性，如自主、自由、民主、

---

① 梁启超：《新民说》，中州古籍出版社，1998。
② 文正邦：《宪法与行政法论坛》，中国检查出版社，2004，第 43 页。
③ 费孝通：《乡土中国》，北京大学出版社，1998，第 27 页。

平等、公正等。当代中国的发展深切呼唤公民教育的勃兴。追溯和梳理中国公民教育的历史缘起及其发展脉络可以发现，只有进行公民教育，培养理性、积极、有责任感的现代高素质公民，才能促进当代中国的民主政治发展、社会主义市场经济体制的完善、公民社会的建立，推进中国现代化进程，实现中华民族的伟大复兴。

我们要把公民放在社会、国家之中去。公民教育可以分为认识自我、个人与家庭、个人与社会、个人与国家几个方面。努力把公民培养成斯金纳所说的积极公民，不但要体现在品质上，还要体现在能力上。

首先，我们要加强公民精神的培育。斯金纳的积极公民理论告诉我们，消极自由的享有有赖于积极自由的发展，有赖于公民对公共事务的积极参与。这个理论告诉我们，共和国的形成还需要一个自治的公民社会为基础，它所对应的政治，应当是一种公共政治，一种公众的政治。但是，缺少公民精神，公民社会就会变成黑格尔所说的一切人反对一切人的战场，"私利的战场"，最终导致对立和冲突。国家不过是依赖私人利益结成的团体，没有公民精神的国家就是失去灵魂和生机的国家。所以，培育公民精神是建立自由、民主的市民社会的必要前提，是构建政治文明与和谐社会不可或缺的内在因素，是社会发展的持续动力。

公民精神主要包括维护公共政治的精神、民主精神、自由平等精神、公民本位的自身价值精神、超越自我的社会公共精神。公民精神一旦形成，必将对社会发展有所影响和推动。一是人们会产生对社会公正的强烈要求。在确立了公民精神的社会里，人们对公正的要求将不再受到压制，他们将大胆地表达其对公正的向往、对平等的渴望，社会也会为他们的表达提供渠道。这种表达的结果将使特权和各种不公正现象不再具有貌似的合理性、合法性，并因此而最终被淘汰。二是公民精神有助于形成实现社会公正的有效机制。在公民精神的鼓舞下,社会建立起对权力的制约监督机制,同时人们也将积极地关注和参与公共事务,保证立法、执法、司法的公正,监督权力的运行,确保各级官员是在为人民的公共利益而工作。这将形成最有效的机制,弥补法律的任何漏洞,消除特权和社会不公正现象。三是公民精神有助于形成新型的政治文化,随着公民精神的日益深入和发展,必然形成新型的公民政治文化,为社会主义发展提供良好的文化环境。公民精神将改造传统的臣民型政治心理,树立起自主、平等、理性的政治意识、政治人格、政治信仰,形成公民型政治心理。社会也将会在这种政治心理的基础上形成新的政治价值观和政治评价标准,以此来评价指导各种政治生活和政治现象,从而建构一种新型的政治文明。

其次,发展素质教育,提高公民的各项素养。斯金纳的公民美德理论告诉我们,公民美德包括美好的道德,但更包括美好的素质,比如理性、雄辩等。建设现代化国家包括了许多方面,但一个核心问题是人的现代化。关于公民素质教育,学校教育、家庭教育和社会教育应相互结合,其中尤其是要加强学校教育。作为个体的公民,素质非常重要,是决定其参与公共生活、公共政治水平高低、质量好坏的因素。素质教育不但包含科学文化教育,还包含处理公共事务、参政议政能力的培养。

(二) 树立公民正确的权利义务观

斯金纳的理论告诉我们,共和国的所有目标不是为了积极自由,而是为了保障人们的消极自由。相对于消极自由而言,积极参与只是自由的构成性要素之一。也就是说,公民只有积极参与国家事务才能保证自己的消极自由的实现,积极参与的价值并不在于享受积极自由本身,而在于它是消极自由实现的前提和基础。

我们所有的言行都必须置于消极自由的前提之下，只有这样，我们的自由才能得以确实而长久的维护。这个理论说明，自由、权利得到实现的前提是积极参与公共事务，换句话说就是，必须要有争取权利的意识。

现代民主政治也可以说是公民政治，公民政治是公民与国家之间发生的所有关系的总和。公民是指具有一国国籍，依据宪法或法律规定享有权利和承担义务的人，所以从公民角度来看，这些关系可分为权利和义务两大部分：公民政治的本质应该是权利和义务的平衡与统一。没有无权利的义务，也没有无义务的权利。公民在享受权利的时候一定要履行相应的义务。但是，在现实政治中，这种平衡往往很难实现，经常会出现在权利与义务之间的偏失，不是过分重视权利就是过分强调义务。于是，在权利与义务之间的博弈就出现了政治的以下几种类型：一是野蛮型政治，在这种政治形态下，社会的每个成员在国家中只强调自己享有的权利，忽视必须承担的义务，社会内部冲突严重，成了"私利的战场"。这时候，公民实质上已沦为暴民，政治也实质上沦为了暴政。二是臣民型政治，在这种政治形态下，国家只强调公民应尽的义务，而忽略了公民应享有的权利，公民仅仅只是统治的客体。这时候，公民实质上已沦为臣民，公民政治也实质上沦为了臣民政治。三是均衡型政治，无论在政府还是在公民看来，权利与义务同等重要，两者平衡统一、密不可分。政府为公民更好地实现权利而提供保障，公民则通过积极参与争取自己的权利，也自觉承担相应的义务。这时候，公民才是真正意义上的公民，公民政治才是真正意义上的公民政治[①]。

---

① 吕元礼：《现代民主社会的公民精神》，《社会科学家》2004年第6期。

斯金纳的共和主义思想让我们重新认识到权利义务的均衡性与统一性：如果我们想扩大自己的个人自由，就不能把希望寄托在君主身上。相反，我们必须自己掌握政治舞台。限于当今政府在技术上的错综复杂和不可避免的秘密，在当代任何民主国家，我们想积极有效地控制政治过程是不现实的，但这种反对的意见提得过于草率了。公共生活中有许多领域缺少对实际执行过程的直接控制。在这些领域里，更多的公共参与完全可以提高我们所谓的代表的责任感。我们之所以要对共和主义的政治观重新加以审视，并不是因为它可以直接告诉我们如何建立一个真正的民主政体，在这种政体中政府将因为实行民治而实现民享——这仍然需要我们去努力；而仅仅是因为它传达了这样一个警告——尽管它可能过于悲观，但却不容我们忽视：我们必须要把义务置于权利之上，否则我们必定会发现权利本身将遭到破坏[1]。

---

[1] 应奇、刘训练编《第三种自由》，东方出版社，2006，第130页。

参考文献

一 中文著作

《马克思恩格斯文集》第4卷，人民出版社，2009。

《列宁专题文集——论辩证唯物主义和历史唯物主义》，人民出版社，2009。

《列宁专题文集——论马克思主义》，人民出版社，2009。

贺照田编《西方现代性的曲折与展开》，吉林人民出版社，2002。

马德普等编《中西政治文化论丛》第4辑，天津人民出版社，2004。

朱世达、姬虹主编《美国市民社会研究》，中国社会科学出版社，2005。

邓正来等译《布莱克维尔政治学百科全书》，中国政法大学出版社，2002。

苏昌培：《共和观》，社会科学文献出版社，2001。

马起华:《宪法论》,(台北)黎明文化事业公司,1983。

梁启超:《新民说》,中州古籍出版社,1998。

文正邦:《宪法与行政法论坛》,中国检查出版社,2004。

中国人民大学宪政与行政法治研究中心编《宪政与行政法治研究——许崇德教授执教五十年祝贺文集》,中国人民大学出版社,2003。

张庆福主编《宪政论丛》,法律出版社,2004。

林毓生:《热烈与冷静》,上海文艺出版社,1998。

储建国:《调和与制衡——西方混合政体思想的演变》,武汉大学出版社,2006。

应奇、刘训练编《公民共和主义》,东方出版社,2006。

达巍等编《消极自由有什么错》,文化艺术出版社,2002。

王惠岩:《政治学原理》,吉林大学出版社,1989。

吴志华主编《政治学原理新编》,华东师范大学出版社,1998。

《中国大百科全书·政治学卷》,中国大百科全书出版社,1992。

复旦大学思想史研究中心编《什么是思想史》,上海世纪出版集团、上海人民出版社,2006。

复旦大学思想史研究中心编《共和主义:古典与现代》,上海人民出版社,2006。

黄安年主编《美国史研究与学术创新》,中国法制出版社,2003。

丛日云:《西方政治文化传统》,大连出版社,1996。

许纪霖主编《共和、社群与公民》,江苏人民出版社,2004。

吴恩裕:《西方政治思想史论集》,天津人民出版社,2002。

北京大学哲学系编译《古希腊罗马哲学》,商务印书馆,1982。

曾记茂:《共和主义的民主》,复旦大学博士学位论文,中外政治制度专业，2005。

应奇：《从自由主义到后自由主义》，上海三联书店，2003。

黄安年主编《美国史研究与学术创新》，中国法制出版社，2003。

朱光磊：《当代中国政府过程》，天津人民出版社，2002。

费孝通：《乡土中国》，北京大学出版社，1998。

邹永贤主编《国家学说史》第1～3卷，福建人民出版社，1999。

陈振明、陈炳辉主编《政治学：概念、理论和方法》，中国社会科学出版社，2004。

陈振明、陈炳辉等：《"西方马克思主义"的社会政治理论》，中国人民大学出版社，1997。

〔古希腊〕柏拉图：《理想国》，郭斌和等译，商务印书馆，1997。

〔古希腊〕柏拉图：《政治家——论君王的技艺》，黄克剑译，中国青年出版社，2002。

〔古希腊〕柏拉图：《法律篇》，张智仁、何勤华译，上海人民出版社，2001。

〔古希腊〕柏拉图：《克力同篇》，严群译，商务印书馆，1983。

〔古希腊〕亚里士多德：《政治学》，吴寿彭译，商务印书馆，1997。

〔古希腊〕亚里士多德：《尼各马可伦理学》，廖申白译，商务印书馆，2003。

〔古希腊〕修昔底德：《伯罗奔尼撒战争史》，谢德风译，商务印书馆，1978。

〔古罗马〕西塞罗：《论共和国：论法律》，王焕生译，中国政法大学出版社，1997。

〔意〕马基雅维里：《论李维》，冯克利译，上海世纪出版集团，2005。

〔意〕马基雅维里：《佛罗伦萨史》，李活译，商务印书馆，1982。

〔英〕托马斯·霍布斯：《利维坦》，黎思复、黎廷弼译，商务印书馆，1985。

〔英〕密尔：《论自由》，张友谊等译，外文出版社，1998。

〔英〕密尔：《代议制政府》，汪瑄译，商务印书馆，1982。

〔英〕霍布豪斯：《自由主义》，朱曾汶译，商务印书馆，1996。

〔英〕阿克顿：《自由与权力——阿克顿勋爵论说文集》，侯健、范亚峰译，商务印书馆，2001。

〔英〕以赛亚·伯林：《自由论》，胡传胜译，译林出版社，2003。

〔英〕约翰·邓恩：《民主的历程》，林猛等译，吉林人民出版社，1999。

〔英〕戴维·赫尔德：《民主的模式》，燕继荣译，中央编译出版社，2004。

〔英〕玛丽亚·露西娅·帕拉蕾丝－伯克编《新史学：自白与对话》，彭刚译，北京大学出版社，2006。

〔英〕昆廷·斯金纳：《霍布斯哲学思想中的理性和修辞》，王加丰、郑崧译，华东师范大学出版社，2005。

〔英〕昆廷·斯金纳：《近代政治思想的基础》，奚瑞森、亚方译，商务印书馆，2002。

〔英〕昆廷·斯金纳:《自由主义之前的自由》,李宏图译,上海三联书店,2003。

〔英〕昆廷·斯金纳:《国家与公民:历史、理论、展望》,彭利平译,华东师范大学出版社,2005。

〔英〕哈耶克:《自由秩序原理》,邓正来译,三联书店,1997。

〔英〕詹姆士·哈林顿:《大洋国》,何新译,商务印书馆,1983。

〔法〕德里达:《人文科学语言中的结构:符号及游戏》,吴万伟译,漓江出版社,1991。

〔法〕皮埃尔·莫内:《自由主义思想文化史》,曹海军译,吉林人民出版社,2004。

〔法〕利奥塔:《后现代状况》,岛子译,湖南美术出版社,1996。

〔法〕卢梭:《社会契约论》,何兆武译,商务印书馆,1980。

〔法〕贡斯当:《古代人的自由与现代人的自由》,阎克文、刘满贵译,商务印书馆,2000。

〔法〕卢梭:《论政治经济学》,王运成译,商务印书馆,1962。

〔法〕托克维尔:《论美国的民主》,董果良译,商务印书馆,2004。

〔芬兰〕凯瑞·帕罗内:《昆廷·斯金纳思想研究》,李宏图、胡传胜译,华东师范大学出版社,2005。

〔加〕威尔·金里卡:《当代政治哲学》,刘莘译,上海三联书店,2004。

〔美〕斯蒂芬·霍尔姆斯:《反自由主义剖析》,曦中等译,中国社会科学出版社,2002。

〔美〕约翰·霍兰·萨拜因：《政治学说史》，刘山等译，商务印书馆，1986。

〔美〕戈登·伍德：《美国革命的激进主义》，傅国英译，北京大学出版社，1997。

〔美〕列奥·斯特劳斯：《自然权利与历史》，彭刚译，中华书局，2003。

〔美〕约翰·凯克斯：《反对自由主义》，应奇译，江苏人民出版社，2003。

〔美〕卡尔·J. 弗里德里希：《超验正义——宪政的宗教之维》，周勇等译，上海三联书店，1997。

〔美〕罗尔斯：《政治自由主义》，万俊人译，译林出版社，2000。

〔美〕斯特劳斯：《霍布斯的政治哲学》，申彤译，译林出版社，2001。

〔美〕斯蒂芬·L. 埃尔金等主编《新宪政论——为美好的社会设计政治制度》，周叶谦译，上海三联书店，1997。

〔美〕汉密尔顿、杰伊、麦迪逊：《联邦党人文集》，程逢如等译，商务印书馆，1989。

〔美〕C. H. 麦基文：《宪政古今》，翟小波译，贵州人民出版社，2004。

〔美〕汉娜·阿伦特：《人的条件》，竺乾威等译，上海人民出版社，1999。

〔美〕罗尔斯：《政治自由主义》，万俊人译，译林出版社，2000。

〔美〕达尔：《现代政治分析》，王沪宁、陈峰译，上海译文出版社，1987。

〔德〕罗曼·赫尔佐克:《古代的国家——起源和统治形式》,赵蓉恒译,北京大学出版社,2003。

〔德〕尤尔根·哈贝马斯:《包容他者》,曹卫东译,上海人民出版社,2002。

〔德〕弗兰茨·奥本海:《论国家》,沈蕴芳、王燕生译,商务印书馆,1994。

〔澳〕菲利普·佩迪特:《共和主义——一种关于自由与政府的理论》,刘训练译,江苏人民出版社,2006。

〔挪威〕G. 希尔贝克、N. 伊耶:《西方哲学史——从希腊到二十世纪》,童世骏等译,上海译文出版社,2004。

二 中文论文

陈炳辉:《当代中国民主的条件分析》,《马克思主义与现实》2006年第6期。

陈炳辉:《文化与国家——黑格尔国家哲学新论》,《政治学研究》1999年第3期。

陈炳辉:《20世纪西方民主理论的演化》,《厦门大学学报》(社会科学版)1999年第31期。

陈炳辉:《国家与利益——现代西方的四种国家观点》,《东南学术》2005年第3期。

萧高彦:《马基维利论政治秩序》,(台北)《政治科学论丛》2001年第14期。

萧高彦:《斯金纳与当代共和主义之典范竞争》,(台北)《东吴政治学报》2009年第15期。

应奇:《两种自由的分与合》,《哲学研究》1999年第11期。

应奇:《政治理论史研究的三种范式》,《浙江学刊》2002年第 2 期。

应奇:《第三种自由》,《哲学研究》2004 年第 5 期。

刘训练:《后自由主义视野中的新共和主义》,《浙江学刊》2006 年第 4 期。

刘擎:《反思共和主义的复兴:一个批判性的考察》,《学术月刊》2006 年第 4 期。

陈伟:《试论西方古典共和主义政治哲学的基本理念》,《复旦学报》2004 年第 5 期。

陈伟:《共和主义的自由观念》,《南京社会科学》2004 年第 7 期。

钟祥财:《复原:思想史研究的重要方法》,《文化与视野》2005 年第 6 期。

张执中:《从哲学方法到历史方法》,《世界历史》1990 年第 6 期。

梁裕康:《语言·历史·哲学——论 Quentin Skinner 之政治思想方法论》,《政治科学论丛》2006 年第 28 期。

李见顺:《历史语境主义:昆廷·斯金纳政治思想史研究初探》,《船山学刊》2009 年第 1 期。

王芳:《解读斯金纳对霍布斯政治理论的研究》,《黑龙江史志》2011 年第 1 期。

王芳:《斯金纳思想史研究中的修辞理论》,《理论导刊》2009 年第 10 期。

刘玮:《施特劳斯、斯金纳与政治哲学史的当代相关性》,《学海》2008 年第 2 期。

张严冰、应琛:《昆廷·斯金纳的自由主义》,《学术论坛》2012 年第 7 期。

三 英文文献

Quentin Skinner, *Reason and Rhetoric in the Philosophy of Hobbes*, Cambridge: CUP, 1996.

Quentin Skinner, *The Paradoxes of Political Liberty*, Salt Lake City: University of Utah Press.

Quentin Skinner, *Visions of Politics*, Vols. 1-3, Cambridge: CUP, 2002.

Quentin Skinner, *Liberty Before Liberalism*, Cambridge University Press, 2001.

Pocock (ed.), *The Political Works of James Harrington*, Cambridge, 1977.

James Tully, *Meaning and Context: Quentin Skinner and His Critics*, Princeton University Press, 1988.

Hannah Arendt, *On Revolution*, New York: Penguin, 1963.

Collingwood, R. G., *An Autobiography*, Oxford: Clarendon Press, 1978.

J. Rawls, *Political Liberalism*, Columbia University Press, 1993.

Philip Pettit, *Republicanism: A Theory of Freedom and Government*, Oxford University Press, 1997.

Kari Palonen, *Quentin Skinner: History, Politics*, Rhetoric, Polity, 2003.

Pocock, *Virtue: Commerce and Liberty*, Cambridge University Press, 1985.

Sydney, Algernon, *Discourses Concerning Government*, Indianapolis: Liberty Classics, 1990.

Hannah Arendt, *The Human Condition*, Chicago and London: The University of Chicago Press, 1998.

Pocock, J. G. A. , *The Machiavellian Moment*, Princeton: Princeton UP, 1999.

Chantal Mouffe (ed.), *Dimensions of Radical Democracy: Pluralism, Citizenship, Community*, Verso, 1992.

Michael P. Zuckert, *The Natural Rights Republic. Studies in the Foundation of the American Political Tradition*, Notre Dame: University of Notre Dame Press, 1996.

Franklin L. Baumer, *Modern European Thought: Continuity and Change in Idea, 1600 - 1950*, Macmillan Publishing Co. , Inc. 1977.

Richard Sharvy, "Aristotle on Mixture", *Journal of Philosophy*, (80) 1983.

后　记

本书的写作确实折磨了我好久。这原本是在厦门大学攻读博士学位的毕业论文。时过境迁，到现在又提起出版事宜，已经过了5年之久。在这5年中，知识与岁月更替，工作与杂务缠身，在这种情况下，重新拿起当年的论文，增删损益斟酌再三，需下狠心、需大魄力。

回想在厦门大学攻读博士学位的时光，是那么让人留恋。当初我们都带着梦想和追求来到这里，现在，在导师们的精心培育下我们终于在自己的工作岗位上能够开辟一块自己的天地，感激之情油然而生。

饮其流者怀其源，学有进时念吾师！负笈求学之时，导师陈炳辉教授对我给予了多方面的关照与教诲。论文从选题到谋篇、布局都渗透着陈老师的汗水。不仅如此，陈老师还慷慨地提供了很多学习参考资料和生活上的帮助。"学高为师，身正为范。"陈老师的恬淡自然、宽容仁善是我无论何时何地都无法忘怀的精神感召力量。"一日为师，终身为父。"师恩浩荡，似水流长。

在厦门大学学习期间，得到了陈振明教授、徐辉教授、朱仁显教授、卓越教授、黄新华教授等多位老师的悉心指点。论文开题时得到了罗思东、杨玲等老师的指点和帮助，在此一并致以深深的谢意。

　　还有身边的亲朋故交，他们一直以来都在关心着我，在我失意的时候给我鼓励，在我需要的时候给我接济。没有他们，生活将会黯淡许多，坎坷许多。还有我的家人，尤其是对于我博士毕业第二年就过世的年近八旬的母亲，我没有尽到应有的责任，常让我有"树欲静而风不止，子欲养而亲不在"的慨叹。

　　本书也参考了很多同行、先学的成果，为本书佐证并增色不少，在此向这些作者致敬，并表示深深的谢意。

　　本书得到了南昌大学社会科学学术著作出版基金资助，在此特表感谢。

　　由于水平所限，学力不逮，虽然几经删改，本书依然显得相当粗糙，愧对导师的谆谆教诲，汗颜不已。唯一可以宽慰自己的是，这本论著只是阶段性的成果，对于论文中存在的缺陷与不足，在以后的学习中我将努力加以修葺和完善。

张芳山
2013 年 9 月

图书在版编目(CIP)数据

斯金纳共和思想研究/张芳山著.— 北京:社会科学文献出版社,2013.12
ISBN 978-7-5097-5335-4

Ⅰ.①斯… Ⅱ.①张… Ⅲ.①斯金纳,B.F.(1904~1990)-政治理论-研究 Ⅳ.①D095.61

中国版本图书馆 CIP 数据核字(2013)第 278723 号

斯金纳共和思想研究

著　　者 / 张芳山

出　版　人 / 谢寿光
出　版　者 / 社会科学文献出版社
地　　址 / 北京市西城区北三环中路甲29号院3号楼华龙大厦
邮政编码 / 100029

责任部门 / 社会政法分社 (010) 59367156　　责任编辑 / 曹义恒
电子信箱 / shekebu@ssap.cn　　　　　　　　责任校对 / 谢　敏
项目统筹 / 曹义恒　　　　　　　　　　　　责任印制 / 岳　阳
经　　销 / 社会科学文献出版社市场营销中心 (010) 59367081　59367089
读者服务 / 读者服务中心 (010) 59367028

印　　装 / 三河市尚艺印装有限公司
开　　本 / 787mm×1092mm　1/20　　印　张 / 12.4
版　　次 / 2013年12月第1版　　　　　字　数 / 252千字
印　　次 / 2013年12月第1次印刷
书　　号 / ISBN 978-7-5097-5335-4
定　　价 / 49.00元

本书如有破损、缺页、装订错误,请与本社读者服务中心联系更换
▲ 版权所有　翻印必究